村上尚己

日本の正しい未来

世界一豊かになる条件

講談社+α《プラスアルファ》新書

イントロダクション――低成長とデフレは必然なのか？

　私は、２０１４年から米国に本社がある大手資産運用会社にて、マーケット・ストラテジストという肩書で仕事をしている。

　外国人の同僚らとの議論で、日本経済が話題になる点は、「日本がデフレを本当に克服できるか」「脱デフレを後押しする政策を安倍政権が強めるか」にほぼ尽きるし、ここ数年ほとんど変わっていない。デフレ脱却が実現する時期などについて見方が分かれることはあるが、金融・財政政策でデフレから脱するのは必然の政策という見解は、ほぼコンセンサスである。

　というのも、デフレが永続することは、妥当な経済政策が実現すれば経済理論上ありえないからだ。だから、安倍政権や日本銀行が脱デフレに必要な政策を徹底する意志があるのかどうか、脱デフレの途上にある２０１７年の時点で外国人投資家の日本経済への関心は、ほぼそこしかない。そうした前提で、「いつまで日本はデフレと闘っているのか」と、最近はやや冷めた目で日本を見る投資家が増えているのは事実である。

したがって、脱デフレに逆行する経済政策が行われれば、それは日本経済にとって危険なシグナルである。そして、霞が関発の情報に左右される日本の経済メディアが伝える、定義不明の「構造改革」などについて、私は外国人の同僚らとほとんど議論したことがない。

いわゆる投資家である資産運用会社は、さまざまなお客様から運用資金をお預かりして、運用リターンを高めることが使命である。投資対象資産は、株式、債券などの伝統的な金融資産がメインだが、顧客である個人投資家やアセットオーナーなどの運用ニーズは一段と多様になっている。我々を含めて多くの運用会社が、インフラ投資など非伝統的な分野に運用対象を拡大し、また運用手法の高度化にも取り組んでいる。

投資資金の運用リターンを高めるには、株式、為替、金利などの市場の値動きを分析するのは当然だが、世界の経済動向・経済政策の分析を正確に行う必要がある。もちろん、相場予想に不確実性はつきもので、予想を的中させるのは難しいが、シナリオ分析などで損失リスクの管理を徹底するのは基本中の基本だし、金融市場全体の値動きを決する経済動向などさまざまな要因分析も最低限必要になる。かつては米国、欧州、日本などの先進国が世界経済や金融市場のトレンドを決めていたが、２０１０年以降は中国など新興国が世界経済全体に及ぼす影響が高まっている。さらに、インターネットなど技術革新やＡＩ機能の革新的向上などが、各国の産業構造に地殻変動を及ぼす影響も無視できなくなっている。

私は１９９０年代後半から、日本や米国などを対象に経済分析を行うエコノミストとして日米欧証券会社やシンクタンクで働いてきた。現在は、マーケット・ストラテジストとして、中国、ブラジルなどの代表的な新興国は言うに及ばず、アフリカ大陸の各国の経済動向までウォッチしている。実際に我々の投資先には、アフリカなどいわゆる「フロンティア経済」が発行するソブリン債（主に国債）が含まれているからだ。同僚の運用担当者は、そうした国の国債の投資判断を日々行っている。

日常業務の中で同僚らと世界各国の経済・金融市場情勢について議論を重ねながら、東京において一人の日本人として私は生活を送っている。日本経済担当としてのビジネス・エコノミストのスキルは現状維持という程度だが、視点をグローバルにより広げて経済情勢を分析する経験を積むことで、日本経済・政策動向についてより多角的に分析できるようになったと考えている。

また、私は、外資系の会社に勤務しているが、現在の生活基盤は日本にあり、日本で生まれ育った生粋《きっすい》の日本人である。過去20年以上にわたり日本経済の停滞が続く中で、金融業界でなんとか生き抜いてきた。私が社会人になった１９９０年代半ば以降の日本経済の長期停滞とデフレについて、これまで複数の書籍の執筆などを通じ、デフレと低成長が、日本銀行などの経済政策の失敗・不作為によって引き起こされたことについて論じてきた。最近、日本以外の他国の経済情勢の分析に力を入れることで、２０１２年まで日本が経験した経済失政に対するこれまでの見方はより強固になっている。

２０１７年に入ってからの日本経済をみると、22年ぶりに失業率が３％を下回る水準まで低下するなど、労働市場の改善は顕著である。正社員を含めた雇用増加が、個人消費の回復をもたらし、２０１６年に大きく低下していたインフレ率も再び上昇しつつある。一方、５年目となる安倍政権の内閣支持率が低下するなど、政治的にはややほころびが見え始めている。

また、メディアや一部論者による、日本経済についての認識や誤解は、今なお散見される。いくつか例をあげると、「人口減少が続く日本経済は低成長やデフレは避けられない」「借金大国日本では増税が最優先の政策」「日本の財政は危機的な状況」「アベノミクスは危険な政策」。それらの傍流として「気概がない若者は草食化した」「日本人は貯蓄好きで起業が苦手」「怠け者の日本人の生産性が低い」などもある。

議論を始める前に、今後日本経済に再びゼロ成長（経済停滞やデフレ）の時代が到来すればどうなるかについて、近未来小説をお届けしたいと思う。経済成長が実現しなければ、我々日本人の生活はどうなるのかを平易に理解していただくためである。気軽に読み始めていただければと思う。

◉もくじ

第七章　経済格差を許容する中高年世代の自己満足感　131

第八章　バブルから学ばないのは反省し過ぎる人たちだ　149

結び――「緊縮」という病　162

小説執筆　梅田　梓
イラスト　にほへ

第一章　近未来小説「ゼロ成長の日本」

定時にあがるはずだったが予定が狂ってしまった。町田亮太は営業時間ギリギリにかかってきた電話に向かって心の中で舌打ちをした。

「はい、はい。都内のオフィスですね。え、7時？　明日の夜ですか？」

亮太はちらりと目の前のデスクに座る上司の平岡を見る。平岡は小声で「なに？　中国の客？」と聞く。亮太がうなずくと「行け」と合図を送ってくる。「わかりました。ご案内します」

電話を切ると、平岡が「投資？　賃貸？」とのんびりとした口調で聞いてきた。

「賃貸でした。このあいだ赤坂のビルを購入された王さんの紹介です」

亮太は電源を落としていたタブレットを手にして、内見システムを起動させた。条件を音声入力し、物件をピックアップする。

「リュウ　シューウェイ……」亮太は電話で聞いた名前にふと懐かしさを覚える。

「チャット使わずに直接電話かけてくるなんて珍しいな。日本語ができるんだ」

平岡が伸びをしながら亮太に話しかける。

「かなり流暢でしたよ」

「ラッキーじゃん。俺が使ってた翻訳アプリ、アップデートしたら商談中に固まって大変だったんだから」

「でも夜からですよ、内見」

「時間外労働、上等じゃない。中国人客なら売上伸びるぞ」

亮太はため息をついてタブレットを鞄にしまい、「じゃあ、今日はお先に失礼します」と席を立つ。すると平岡はにやりと笑い「お前、今日デートだな」と言う。

思わずふり返ると、平岡は亮太が手にしていたカルティエのショッピングバッグを指差した。

「それ。彼女へのプレゼントだろ」

「目ざといですね部長。今日、彼女の誕生日なんですよ」

「ほお、ずいぶんと奮発したな」平岡はそう言って窓の外を見た。道路の向かいには上品な光でライトアップされたカルティエ銀座店がそびえ建つ。

「いや、店でなんか買いませんよ。あんな超高級店、入れませんって。ネットで落としたんです」

「なんだ、今頃の若い奴はしけてんな」

「堅実って言ってくださいよ」

40代半ばの平岡は苦笑し、「まあ、ゆっくり楽しんでこいや」と亮太を送り出した。

会社を出ると、冷たい空気が頬に触れ、亮太は思わず身震いをした。銀座の中心部を走る中央通りでは、ちょうどデパートが1日の営業を終えたところで、身なりのよい客が店員に見送られながら外に出てくる。亮太は歩くうちに仕事の疲れが抜け、胸が高鳴ってきた。今日は恋人の30歳の誕生日だ。今日こそプロポーズをしたい。

兼重美咲とは2年前、亮太の会社が主催する不動産セミナーで知り合った。弁護士事務所で働く美咲は勉強のためにやってきていたのだ。背が高く、遠くからでも亮太の目を引いた。

美咲は司法試験に一発で合格した才女だった。上昇志向が強く、自分への投資を怠ることがない。日頃からブランド品を身につけ、海外旅行にも度々行っていた。友人は、平凡なサラリーマンである亮太と美咲とでは釣り合わないと笑うが、亮太は本気で美咲との結婚を考えていた。

美咲の現在の生活は、本人のひたむきな努力によって勝ち取られたものだ。美咲は母子家庭に育ち、奨学金をもらって地元の大学から法科大学院に進んだ。富裕層と貧困層の格差が広がるこの時代に、生活保護ギリギリの環境から自分の力で這い上がったのだ。

宝飾店の前の広場では、クリスマスシーズンを前にイルミネーションの点灯式が行われていた。人々の華やいだ声を聞きながら、亮太は待ち合わせをしているレストランへと急ぐ。２０２５年も残すところあと1ヵ月だ。

翌日は、前日に増してさらに冷え込みがきつくなった。亮太は銀座四丁目の交差点の角に建つ時計塔の前で、電話をかけてきた「リュウ　シューウェイ」を待つ。

交差点の向こうの屋外ビジョンでは、パリの国際会議でスピーチする大山首相のニュースが映し出されていた。亮太は大山首相の首元に巻かれたスカーフをぼんやりと眺めた。あれも確かカルティエだったはずだ。美咲へのプレゼントを1円でも安く手に入れようとネットを徘徊するうちに、すっかり柄を覚えてしまった。

日本初の女性首相が誕生したのは２０２０年の暮れのことだった。長く続いた安倍政権は支持率の低迷から２０１８年に新政権に取って代わられた。財務大臣を務めてきた綿貫次郎が首相に就任すると、安倍政権の経済政策の立て役者であるスタッフは官邸から放逐され、霞が関の経済官僚が息を吹き返した。２０１９年に消費税を10%に上げたばかりか、財政赤字脱却を急ぐあまり年金支給開始年齢の引き上げまで決めたことで内閣支持率はさらに低下、綿貫は追い込まれて衆議院の解散に打って出たものの、地方政党から国政に進出していた新党「国民の希望」が大勝し、党首の大山華子が政権を奪ったのだった。

亮太はコートのポケットからスマホを取り出し、昨夜の美咲からのメッセージを読み返す。

「ごめん、仕事でトラブルがあって今日は行けない。しばらくは会えません」

昨夜、美咲は亮太との約束をこのメッセージひとつで反故《ほご》にした。ひとりで先にビールを飲みながら1時間も美咲を待っていた亮太は、この簡素な文面を信じられないような思いで何度も読み返した。

〈どういうことだよ？　理由を説明しろよ〉〈ずっと待ってたんだけど〉〈そっちが誕生日だからって予約した店だぞ〉〈なあ、もう会わないってこと？〉〈頼むから連絡くれよ〉

亮太が立て続けに送ったメッセージは、まだ一通も既読にならない。もちろんプレゼントは渡せないままだ。一体何があったのか。亮太はこれまでのメッセージのやり取りになにかヒントでも隠されていないだろうかと過去の文面を辿《たど》っていく。

そのとき、「コア不動産の町田さんですか」と前方から声をかけられた。瞬時に現実に戻り、顔をあげる。そこには仕立てのよいコートを着た男が立っていた。

亮太は営業用の顔をつくり、にこやかに「電話をいただいたリュウさんですか」と応じた。

「はい。すみません、突然の連絡で」

「いいえ、大丈夫ですよ。そこの駐車場に車を停めています。車でご案内しますね」

するとと男は口をつぐみ、なにか言いたげな様子でじっと亮太の目を見る。つられて亮太も男の顔を見かえした。

「あっ」電話を受けたときに感じた懐かしさが急速によみがえる。

「もしかして、シューウェイってあの秀威？　大学で一緒だった、劉秀威？」

秀威はいたずらっぽく笑い、「久しぶり」と力強く亮太の肩をたたく。

秀威は大学3年生のとき、亮太の大学にやってきた中国人留学生だった。

「ちょっと、ほんとに秀威なのか。いつ以来だ？　えっと、卒業したのが2017年だから……8年ぶりか」

亮太は驚きのあまりそこから先の言葉が続かず、ただただ秀威の顔を見つめる。

「な、なんで俺のいる会社がわかったんだ？」

「それがすごい偶然で。知人が日本で投資用のビルを買ったんだけど、彼に教えてもらった不動産会社が亮太の会社だったんだ。コア不動産のSNSを見たら、スタッフのなかに亮太がいて、俺も腰抜かすほどびっくりしたんだから」

「ええと、秀威は卒業して中国のIT企業に就職したんじゃなかった？」

「その会社は2年前に辞めて、そのあと起業したんだ。上海でインターネット広告の代理店。経営が軌道にのってきたから、日本でもビジネスを広げてみようと思って」

説明を聞きながら、亮太は秀威の頭から足の先まで眺め、しみじみと言う。

「秀威、日本語ずいぶんうまくなったな。体もでかくなってるし」

出会った頃の秀威は線が細く、まだ少年のようなあどけなさがあった。「爆買い」で日本にやってくる中国人のイメージとはかけ離れていた。日本語がおぼつかず、話しかけられるといつも困ったような笑顔を浮かべていた秀威を、亮太は今もはっきりと覚えている。

「体力つけようと思ってジムに通ってたら、だんだん体を鍛えるのが趣味になっちゃって。日本語は上海にいる日本人講師にプライベートレッスンを受けたんだ」

「だから電話じゃ秀威って気付かなかったんだ。日本語、上達し過ぎだよ」

秀威はくったくなく笑う。留学してきたばかりの秀威は、なかなか大学に馴染めない様子だった。ある時、学食でひとりラーメンをすすっていたのを見かけ、声をかけたのが亮太だったのだ。

中国の地方都市で育った秀威にとって、日本で経験することすべてが新鮮だった。ファミレスに誘うと店員のサービスのよさに感動し、家電量販店に連れて行けば、その品揃えに目を輝かせた。中国は日本から学ぶべきものが山ほどあると、まっすぐに亮太を見て語った。亮太を慕い、「亮太は優しい」「頭がいい」と、ことあるごとに口にした。秀威といるとき、亮太は自分をとても価値のある人間だと思うことができた。そして、秀威の目を通して見る日本は、素晴らしい先進国だった。

亮太は秀威を営業車に乗せて目的地に向かう。車内は連絡の途絶えていた時間を取り戻すように会話が弾む。亮太は秀威とキャンパスを一緒に歩いているような錯覚を覚えた。

すべての物件を見終わり、最終的に秀威が決めたのは、丸の内にあるオフィスだった。コア不動産が扱うなかでも最高級の物件だ。亮太は事務所に戻る道中、営業車の窓から外を眺めている秀威に話しかけた。

「秀威の会社は儲かってるんだな。俺がこんなこと言うのもあれだけど、よくあんな高い物件に手がだせるよ」

「中国はずっと景気がいいから。成長率は5％台を維持してるだろ、稼ぎもいいけどとくに上海は物価も上昇していて、日本は割安に感じるんだ」

「最近、うちも秀威みたいなお客さんが多いよ。ビジネスをするにも日本のほうが儲かるんだろうな。おかげでうちの会社はこの不況の世の中で生き残れているようなもんだ」

亮太は営業車を駐車場に停車させ、エンジンを切る。

「しかし、秀威が社長とはなあ。起業なんていつから考えていたんだ？」

「さあ、いつからだろう。でも俺が特別ってわけじゃなくて、まわりにも起業を考えてるやつはたくさんいたよ。就職してから給料もどんどん上がっていくから、たいてい何年か働いて貯金して、それを開業資金にあてるんだ。まあ、うまくいかなくても再就職先なんていくらでもあるし」

秀威は身を乗り出すようにして亮太に提案する。

「なあ、亮太も独立したらいいじゃないか。亮太は頭がいい。今日俺にくれたアドバイスも的確だった。自分で稼いだほうが仕事は面白いんじゃないか？」

亮太はとんでもないというようにかぶりを振る。

「いやいや、俺には絶対、考えられない。今の日本は相当な就職難だし、失業率も年々上がってるから。俺が就職した頃はまだ景気がよかったけど、2019年に消費税が上がって風向きが変わったんだ。ゼロ成長が続いて会社の給料なんてぜんぜんよくならないけど、でも、俺は多少の不満があっても会社を辞めるつもりはないよ」

「そういうものなのかな」暖房が切れた車内で寒さを感じ、亮太は秀威をうながしてオフィスに戻った。すでにスタッフ全員が退社したあとで、亮太は暗がりのなか手探りでスイッチを押し電気をつける。

亮太が契約に必要な書類を用意するあいだ、秀威は窓に近づき銀座の夜景を眺めていた。

「亮太のオフィスっていい場所にあるんだな。駅は目の前だし、まわりは高級ブランドだらけだ」

「ああ、このあたりは外国人のＶＩＰを接待するようなレストランもいっぱいあるよ。といっても俺たちは牛丼みたいな安いものばかり食べてるけど」

「でもこんな一等地に会社があるってことは、家賃も高いだろ？」

「うちの創業社長の親族がこのビルの所有者だから、そこは問題ないんだ。でも、たしかにこの立地で得している部分はあるかもな。銀座の不動産屋っていうだけで信頼されるし」

「そうか」秀威は室内をぐるりと見回して「それにしても、味のある建物だな」と言う。

「はは、いい表現だね。戦前のオンボロビルだよ。実は東京オリンピックのとき、このビルまるごと買い取って観光客用のホテルとして建て替えるって業者が出てきたんだ。でも、この古さに愛着がある人も多くてさ、残すことになったんだ」

亮太は契約用の書類の秀威が記入すべき欄に付箋を貼りながら話を続ける。

「ところがだ。今になってこのビル、いよいよ老朽化が深刻になってきて。でももう自力で建て替える余裕はない。皮肉なもんだよ。オリンピック特需なんて言われて、たった5年前なんだけど、今思うといい時代だったのかもな」

秀威は窓の外に目を向けたまましばらく景色を眺めていた。そしてコンビニで買い物でもするような口調で「なんか俺、このビルもほしくなってきたな。銀座のこの立地、抜群だ。いくら払えば売ってくれる？」と言った。

亮太は顔をあげて、ぽかんと秀威を見る。

「え？　ここ？　秀威が買い取って建て替えるってこと？」

秀威は亮太の肩をたたき、「いや冗談、冗談。さすがにすぐには無理だ」と豪快に笑ってみせた。

「それにしても俺が帰国して8年の間に、日本はずいぶん変わったみたいだな」

「え、変わった？」亮太が聞き返すが、秀威はそれには答えず、「そうだ、亮太のお母さんは元気か？」と話題を変えた。

「母さん？　うん、まあそうだな」

「確か、弁当屋で働いてたんだよな。懐かしいよ。もう引退してるの？」

「ええと、うん、まあ。今65歳だから」

「そうか」

「ああ。もう両親ともリタイアしてる。悠々自適の生活だ」

亮太はとっさに嘘をついた。本当は母は今も働いている。長年勤めた弁当屋はつぶれてしまったが、中国資本の大型ショッピングモールでパートをしている。「いい加減ゆっくりしたい」とぼやきながら、自転車で片道30分かけて通っていた。

「それはなによりだな。俺が亮太の実家に遊びに行くたびに、ちゃんと食べてるかって気にしてくれて。帰る時にはいつもタッパーにおかずを詰めて持たせてくれた。俺にとっては日本の〝媽媽《マーマ》〟だ」

東京オリンピックと前後して、年金の支給が65歳から70歳に引き上げられた。後期高齢者の医療費の自己負担も3割になった。父もとうにリタイアしていい年齢だが、嘱託職員としてまだ会社に残っている。今やこの国では65歳以上の人が人口の3分の1を占めている。よほどの富裕層でなければ、老後の不安はどこの家庭にもつきまとう。だから母はパートを辞められないのだ。しかし、亮太はこうした事情をなぜか秀威に打ち明けられなかった。

「じゃあ亮太、今日は本当にありがとう。日本での事業をスタートさせたら盛大に開業パーティするからさ。ぜひ来てくれよ」

「ああもちろん。頑張れよ」

恰幅のよい背中を見送りながら、亮太は学生時代のあの痩せ身の秀威の面影を懸命に探していた。


美咲から突然電話がかかってきたのは、それから5日後のことだった。深夜のリビングで亮太はテレビ特番を見ながら、ひとり缶ビールを空けていた。お笑い芸人が日本と中国の格差をネタに漫才をしている。

美咲は「ずっと連絡しなくてごめん」とまず謝罪した。

「なんだよ、いまごろ」亮太は不機嫌な声を出す。

「今日、会社が最終日だったの。私、解雇された」

「は？」思いもよらぬ告白だった。

「来年からうちの事務所、ＡＩを本格的に導入することになって。私、これまで裁判前のリサーチを任されてたでしょ。過去の判例を調べて先生をサポートしてた。でもＡＩで事足りるから解雇だって。私の誕生日、亮太と会うはずだった日に言われた」

美咲は淡々と話す。テレビからは場違いな笑い声が聞こえてくる。

「上司に抗議したら、次の日から自分の仕事させてもらえなくなった。そのあとは今日まで、過去の資料を保管してる別室に行かされてデータ入力」

「入力？　なんでまた……」

「昔の資料って手書きなの。今度事務所に入るＡＩは手書きの文字までは判読ができないから、私が資料を打ち込んでデータにしていたの。朝から晩まで、毎日毎日。もう気が狂いそうだった」

「で、でも、それと俺たちのことは関係ないだろ。今度いつ俺と会うつもりなんだよ」

美咲は少し沈黙したあとで、きっぱりと宣言をした。

「私、しばらく日本を離れる」

「は？」

「弁護士として独立するつもりだったけど、もういいわ。まだパラリーガルをやっている時点で、もうこの先チャンスはないんだってよくわかった。今の弁護士が現役のうちは自分たちのポストを絶対に明け渡さないもの。うちのボスだってもう70近いのに引退する気なんて全然ないんだから。かといって30になった女が未経験の職種で再就職なんて、絶望的だし」

「いや、だからっていきなり海外に行ってどうなるんだよ。落ち着けよ。日本でもいいだろ。そうだ、たとえばちょっと東京を離れて地方に行ってみるとか。なんなら俺も……」

亮太の言葉をさえぎり、美咲は一気にまくしたてる。

「あのね、地方に未来なんてもっとないわよ。知ってる？　このままいけば２０４０年までに自治体の半数が消滅するって。私、まだ奨学金の返済が残ってるし、将来は母を養ってかなきゃいけない。お金が必要なの」

「だけど……」

「このまま日本にいてもまともに稼げない。今、優秀な人材に正当な報酬を与えて雇ってくれるのは中国よ。ねえ、知ってるでしょ。もう日本の生活水準って先進国の中では最低レベルなの。豊かな暮らしなんて、とっくの昔に終わってるのよ」

亮太はなにも言い返すことができなかった。

「そういうわけだから、ごめん」その言葉を最後に、電話は一方的に切られた。

亮太は呆然としたまま目をテレビに向ける。まだお笑い芸人の漫才が続いていた。

「君わかる？　日本と中国の格差。名目GDPで3・5倍ですよ」

「3・5倍!?　ごめん、なんのことか、ぜんっぜんわからへん」

芸人のオーバーなリアクションに客席がわく。そうか、30歳を迎えた美咲は、亮太を捨て、日本を捨てるのだ。


それから亮太は淡々と日々を過ごした。相変わらず中国人客からの問い合わせが続く。亮太は惜しげもなく高額物件の契約をする客にひどく劣等感を覚えるようになっていた。

2ヵ月ほど経ったころ秀威から連絡が入った。開業パーティへの招待だ。

亮太は1日の仕事を終えると秀威のオフィスに向かった。亮太が紹介した丸の内の物件はIoT技術を駆使した最先端のオフィスとなっていた。秀威の顧客や同業者が集まり、中国語が勢いよく飛び交う。亮太は中国人には慣れているが、その集団の中に入るとたんに心細くなった。景気づけにウェルカムドリンクとして渡されたシャンパンを一気に飲み干す。

「亮太、今日は来てくれてありがとう」

振り返るとタキシードに身を包んだ秀威が立っていた。

亮太はひきつったような笑顔を浮かべた。

「ああ、秀威。開業おめでとう。ずいぶん盛況だな」

「ありがとう。あ、そうだ。あとで亮太に紹介したい人がいるんだ。このあいだ中国に一時帰国しているときに知り合った日本人だよ。日中でのビジネスの法律的な面をサポートしてもらうことになって」

「へ、へえ。そうなんだ」亮太は落ち着かず、空のグラスに再び口をつける。

「すごく頭がよくて、ガッツのある女性なんだ。亮太もきっと気に入るよ」

秀威は亮太の背後を見て「あ、噂をすれば。メイシャオが来た」と嬉しそうに声をあげた。

「メイシャオ?」

「そう。彼女、中国ではそう呼ばれてるんだ」

亮太が振り向くと、タイトなドレスを着た女性がゆっくりとオフィスに入ってくるのが見えた。遠くからでも目を引く背の高い女性。彼女の自信に満ちたまなざしがこちらに向けられた瞬間、亮太は反射的に踵を返し、招待客をかき分けるように出口に向かった。駆け込んだエレベーターの扉が閉まるとき、あっけに取られてこちらを見ている秀威の顔が見えた。

そのままビルの外に出た亮太は、なぜ自分がこうして逃げるようにオフィスを飛び出してしまったのかと、混乱した頭で考える。メイシャオ。そう、メイシャオだ。中国語で読むと、「美咲」がそんな発音になるのではなかったか。一瞬見えたかつての恋人は日本にいた頃よりもさらに派手な身なりをし、ひと目で高価なものだとわかる大ぶりのネックレスをつけていた。

亮太の脳裏に、いつも会社の窓から見ているカルティエ銀座店がよみがえる。亮太が一度も足を踏み入れたことのない店内へ、秀威は美咲をエスコートする。美咲は慣れた様子で秀威の腕に自分の腕をからませる。二人はショーケースの前で顔を寄せ合い何か話している。そんな想像が次々と浮かび、止まらない。

亮太は目についた居酒屋に駆け込み、ビールをあおった。気がつけば外は雪が降り出している。亮太は店を出て夜道をやみくもに歩いた。額からは汗が吹き出してくる。

豊かな暮らしはとっくの昔に終わったって？　そんなはずはない。だってこの街はずっと変わらないじゃないか。

亮太は立ち止まってあたりを見回す。高架下の暗がりから中国語のプラカードを持つホームレスがじっとこちらを見ている。中華風のデザインがほどこされた建設中のビル。中国語の屋外看板。どれもが闇のなかにひっそりと佇《たたず》んでいる。

亮太は気がつくと銀座四丁目の交差点まで戻っていた。酔いがまわったのか足がふらつき、思わず時計塔に寄りかかる。冷たい壁に手をついたとき、亮太は小さく「あ」と声を上げる。そういえば銀座を象徴するこの時計塔も、２年前に中国企業に買収された建物だった。

どのくらいその場に立ち尽くしていただろうか。寒気がして、亮太はコートの前をかき合わせた。駅に向かって歩こうとしたとき、屋外ビジョンの映像がカウントダウンに切り替わった。もう日付が変わる時刻なのだ。亮太はまわりを眺めた。いつのまにか人が大勢あつまっている。亮太ははっと思い出す。今日は春節だ。

熱狂する人々の声が次第に大きくなる。

「サン（3）！　アー（2）！　イー（1）！　リン（0）！」

瞬間、時計塔の鐘が鳴ったかと思うと、大きなドラと太鼓の音がけたたましく響いた。通行止めにした道路には、獅子舞と踊り子が次々と繰り出す。耳をつんざくような爆竹の音。振動が体に直接伝わってくる。亮太の脳裏に「日本はずいぶん変わった」という秀威の言葉がよみがえった。そうだ、まるでここは中国じゃないか。

激しくうねるように舞う獅子が、亮太に近づいてくる。亮太はそこから一歩も動くことができない。

第二章　消費者が喜ぶはずの物価下落がなぜ大問題？

成長と停滞のコントラスト

前章で、１９９０年代半ば以降日本が経験した低成長とデフレが、東京オリンピックが開催される２０２０年以降再び訪れた場合の、２０２５年の東京の若者を描いた近未来小説をお届けした。私の考えを敏腕ライターの方にお伝えし全面協力をいただいた。フィクションではあるが、今後の日本の政治・経済動向については十分想定できることだ。そして、今後の経済政策運営次第で、近未来小説のような状況は、実際に訪れるだろうと私はまじめに考えている。皆さんはどのように読まれただろうか。

日本の不動産会社に勤める30歳の亮太は、日本の大学を出た普通のサラリーマンである。増税など政府による緊縮政策への転換で、２０２０年以降再び日本経済がゼロ成長という苦境に陥り、再び２０１１年までのように失業率が高まればどうなるか。亮太のような普通のサラリーマンの労働環境は劣悪になり、生活の豊かさはほとんど高まらない。

司法試験を通った才女である美咲は、ＡＩの登場で弁護士事務所の職を追われ、劉が立ち上げた中国企業に生き抜くチャンスを探る。経済学者の井上智洋《ともひろ》氏の著書『人工知能と経済の未来』（２０１６年、文春新書）によれば、２０２０年代に入り汎用人工知能がかなり進歩する可能性がある。汎用人工知能は、人間の脳の機能を備え、人間に可能な〝知的ふるまい〟を一通りこなすことができるという。人間に代わって、さまざまな定型的な仕事をＡＩが行うことが可能な世界は間近に迫りつつあるが、再び日本にゼロ成長の不況が訪れれば、労働市場の悪化に拍車がかかるだろう。

中国人の青年実業家の劉は、中国のＩＴ企業に勤めた後に、インターネット広告の代理店を立ち上げ日本への事業拡張を目指す。中国経済はかつてのような高成長は終焉しているが、それでも成長し続ける中国を土台に、リスクを恐れず挑戦し続ける劉と、かつての同級生である亮太とのコントラストが描かれている。

２０２０年以降の日本の政治動向については、日本人の読者の皆様にあえて補足する必要はないだろう。なお、国立社会保障・人口問題研究所の想定では、２０２４年に人口の３分の１が65歳以上になる。また、２０１４年の「日本創成会議」によるシミュレーションは、２０４０年までに自治体の半数が将来的に「消滅」する可能性があるとしており、大きな話題になった。経済停滞が再び訪れれば、このシミュレーションは現実となるだろう。

中国GDPは日本の3・5倍に

近未来小説では、「日本と中国の格差、名目GDPで3・5倍」がお笑いのネタとなっていたが、この想定について以下で説明しよう。日本と中国の名目GDP（米ドル換算）は、IMF（国際通貨基金）のデータによれば2016年時点で、日本が4・9兆ドル、中国が11・2兆ドルであり、現状中国と日本の経済規模の格差は2・3倍である。2017年以降中国が6％成長で増えて、緊縮政策への転換で2020年から日本がまったく伸びないとの想定を置くと、名目GDPの格差は3・5倍まで拡大する。

もちろん、中国のGDP統計はしっかり整備されておらず、また統計を作成する地方政府がGDPを水増ししているとの報道が出ており、2016年の中国GDPが本当に11・2兆ドルあるのかの疑念を当然私は持っている。ただ、実際にどの程度過大推計されているかは誰もわからないのが実情である。しかし、世界経済や国際商品市況の需給に、これまで成長してきた中国経済が及ぼす影響が、2000年代以降大きくなっているのは事実である。

米国の名目GDPは2016年時点で18・6兆ドル、すでに日本とは3・8倍の格差がある。中国経済のＧＤＰ規模は正確ではないが、米国と日本のほぼ中間に位置するというのは相応だろう。また、先にあげた中国のＧＤＰ成長率が６％で伸びるという想定だが、これは名目ＧＤＰであり、実質ＧＤＰ４％とインフレ率２％の想定である。中国の実質ＧＤＰ成長率は２０１７年も６％台で推移しており、足元の成長率が過大推計になっている分を割り引いても、将来想定はかなり控えめである。

また、名目ＧＤＰは一国全体の経済規模であり、これが軍事力を含めた国際的なパワーに直結する意味で重要である。一方、国民の経済的な豊かさは、「一人当たりＧＤＰ」でみるのが妥当だ。２０１６年の一人当たりＧＤＰは、日本が３・９万ドル、中国が０・８万ドルと日本のほうが5倍高い。現状、中国の経済・地理的な規模が大きく、都市部と内陸部にきわめて大きな所得格差があり、平均的な中国人の経済的な豊かさはかなり低いということだ。上海などの所得水準はすでに日本など先進国と変わらないが、取り残された地方の農村部は相当の貧困状態であることを意味する。

なお、一人当たりＧＤＰについて、２０１７年以降中国５％、日本０％で伸びないという「中国楽観、日本悲観」の想定を置くと、２０４９年に中国の一人当たりＧＤＰは日本を追い抜くことになる。

日本のデフレの何が異常か

近未来小説を半信半疑で読んだ人も多いかもしれない。そのため、まず日本経済の将来を考えるうえで、過去20年でこれまで日本で起きてきたことを正確に理解していただく必要がある。

日本経済は、１９９０年代後半から低成長とデフレが同時に発生する状況に陥った。デフレ（デフレーション）とは、物価が持続的に下落することである。長年続くデフレの克服が日本経済の課題になっていることは、読者の方の多くは先刻ご存じだろう。ただ、デフレという経済現象が、我々の生活や多くの問題に直結している点については、十分理解されていないと私は考えている。むしろ、誤解されている点が依然多いとすら思っている。

まずは、デフレという現象について改めて説明したい。デフレは日本特有の経済現象であり、それが我々日本人の暮らしぶりに大きく関わっていることを、まずご理解いただきたいと思う。

そもそも「デフレは他国でも起きている現象ではないか」と認識している方が多いの

ではないだろうか。

我々多くの日本人は、身の回りの多くのモノの価格が20年以上ほぼ変わらないことを実感している。現在、40歳代以下の人は、もの心ついた時から、ほとんどのモノの価格水準は変わらない、むしろ低下しているとすら思う人が多いだろう。

身近なところで牛丼を例にとれば、バブル崩壊直後の１９９０年に吉野家の牛丼並盛は４００円に値上げされ、その後２０００年代に３００円以下に値下げされ、２０１４年12月に３８０円までようやく戻ってきた。また、マクドナルドのハンバーガーは１９９５年まで２１０円だったが、その後は60円前後まで値下げされ、２０１７年時点では１００円と半額のままである。

衣料の世界ではユニクロなどファストファッションが広がっているが、洋服の価格指数をみると、現時点から約５％高い１９９２年がピークで、それを下回る水準で25年近く低空飛行の状態にある。さらに価格低下が顕著なのはテレビ、パソコンなどの家電で、技術革新が価格を押し下げてきた。技術革新で製品の性能が異なってくるので、今と昔の家電などの価格を単純比較することはできない。ただ、私は１９９０年頃の学生時代にアルバイト代金を貯めて24インチのブラウン管テレビを10万円前後で購入した記憶があるが、2017年現在その半額程度で40インチの最新薄型テレビを購入することが可能で、家電などの価格は劇的に低下している。

このように、モノの価格が上がらない、または一部では価格が下がるという現象自体は、たしかに日本だけで起きているわけではなく、米欧などでも同様のことが観察される。これらの事象を踏まえて、デフレは世界各国でみられる共通の現象であり、問題ではないと考える人が多いのだろう。

しかし、1990年代以降、デフレが「20年以上も」定着している先進国は、日本だけである。それは、物価を表す指数の推移を比較すれば容易に理解できる。

日本以外に長期デフレはない

図表1は、1995年を100として、それ以降の先進各国の消費者物価指数の推移を示している。このグラフからわかることは、まず日本だけが1995年から物価水準が20年以上上昇していないことである。対照的に、戦後最大級の経済危機が訪れた2008年のリーマンショックの後ですら、米国やドイツなどでは消費者物価指数は上昇基調をたどっている。ただ、2008年から国家財政を粉飾して危機を招きながらEUに

[図表1] 先進各国の消費者物価指数の推移

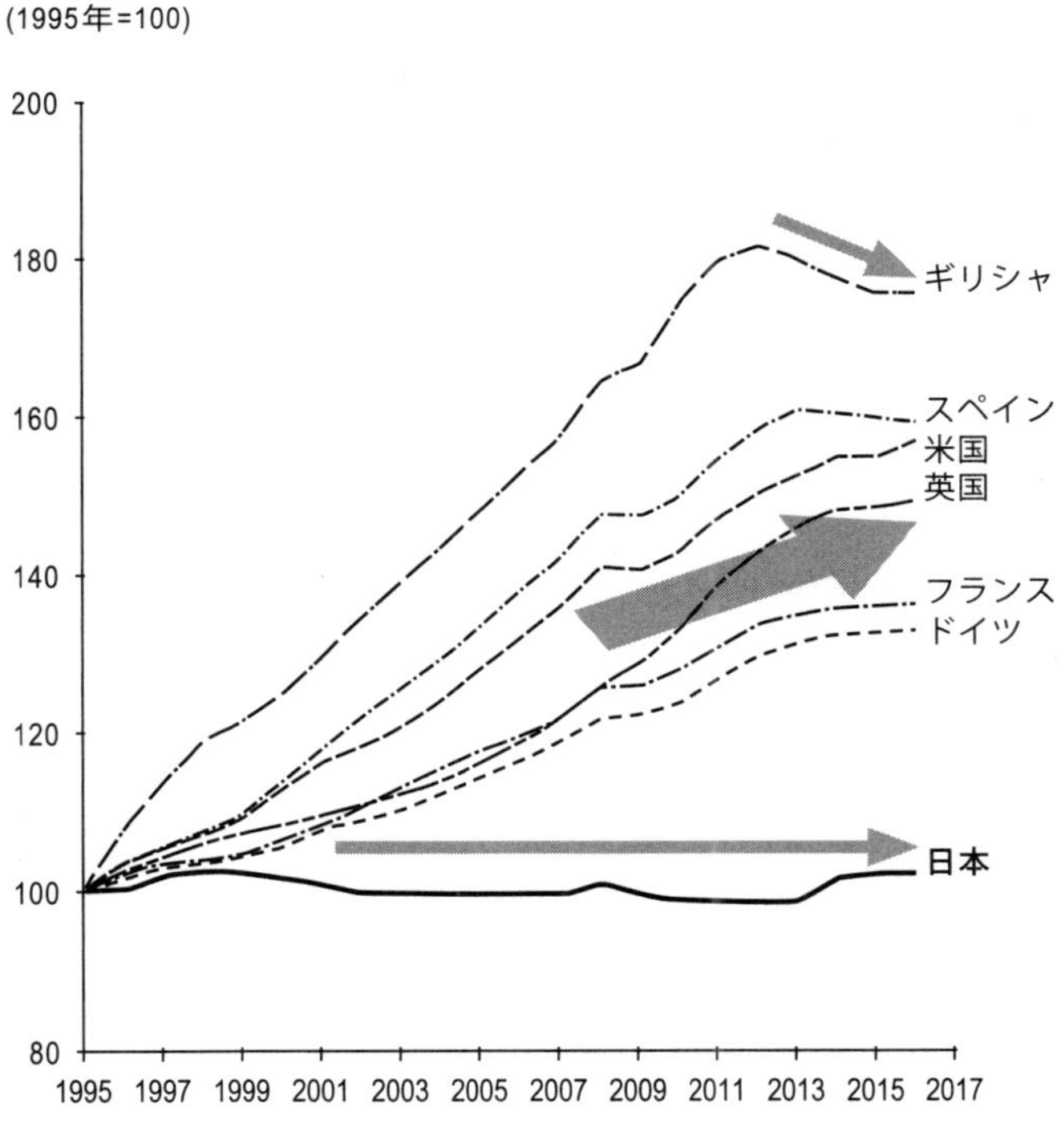

出所：IMF

残り続けるギリシャ、２０１２年まで欧州債務危機にみまわれたスペインでは、日本と同様にインフレ率が上がらない現象がみられている。いずれにしても、１９９０年代から20年以上にわたりデフレとなっている日本がきわめて特異であることは明白である。

日本やギリシャなどでしかみられないデフレは、その原因についてさまざまな要因があげられているが、20年以上もデフレが続いたのは、戦後の経済先進国で日本だけの特異な事象なのだ。これは客観的なデータで確実に言えることであり、読者の方々は素直に受け止めていただきたい。メディアなどでは、データに基づかない印象論、たとえば「グローバリゼーションによって世界的にデフレになりつつある」といった説が語られているが、そうした議論の多くはあやしげなものである。日本以外の国は、長期にわたるデフレという病気にかかっていないのだ。

モノの価格下落がなぜ害悪？

しかし、モノの値段が下がることは、消費者の視点からは望ましくみえる。だから、これのいったいどこが害悪なのだろうかと思われる人も多いだろう。むしろ他国の消費者のほうがインフレで苦しんでいるのではないか、と。

たしかに消費者の立場からは、同じモノやサービスであれば値段は安ければ安いほどよいのだから、一定の手間をかけても低価格のモノがどこで買えるかを調べる。私自身は、小説に出てくる亮太のようにオークションサイトを駆使していないが、それでも家電などを購入する時は「比較サイト」をよく利用する。企業もそうした消費者のニーズにこたえるために、企業努力を積み重ねてコストを削減し、品質を維持しながら値段を上げずに製品を提供しようとする。そうした企業が市場シェアを獲得することに成功しているケースも多い。

こうしてモノの値段を下げることに努力し、それを成果としている日本人、そして消費者としてその恩恵を受ける（ようにみえる）日本人が大多数となる。だから、モノの値段が下がることが解決しなければいけない課題と言われても、私たちの日々の生活感覚や購買行動とは相いれない。

やや難しい言葉を使うと、価格下落によって消費者の「実質所得」が高まる（インフレ分を調整〈控除〉することで、購買力として実質所得が正確にあらわされる）。これだけみれば、消費者にとってデフレは望ましいのが事実である。ただ、デフレという大病にかかった日本経済で起きていることの意味を、我々の身近な行動だけで解釈するのは妥当ではない。経済全体の動きはもっと複雑であり、より広い視点で、デフレという現象を理解しなければならない。

実は、ここ数年日本でよく聞くようになった貧困問題は、デフレによってかなりの部分がもたらされている。この因果関係は、経済に詳しくない人にはピンとこないかもしれない。そこで、デフレが始まった１９９０年代半ばを境に、日本経済で何が起きたかを説明しよう。

デフレで働く人は苦しむ

まず、デフレはいつから始まったかを日本の消費者物価指数の動きから確認する。一般的には、消費者物価指数が下落に転じたのは１９９７年後半以降とされている。１９９７年４月の消費税の５％への引き上げなどの緊縮財政・アジア通貨危機・大手金融機関の破綻というショックがつぎつぎと起きて深刻な不況となったためだ。景気が悪くなると、物価が下落するわけである。

ただ、幅広く知られている消費者物価指数と同様に、消費デフレータという、家計が購買する財・サービスの価格変動をあらわす指数がある。両者の違いについては専門的

[図表2] 消費者物価指数、消費デフレータ、失業率の推移

(2010年=100)

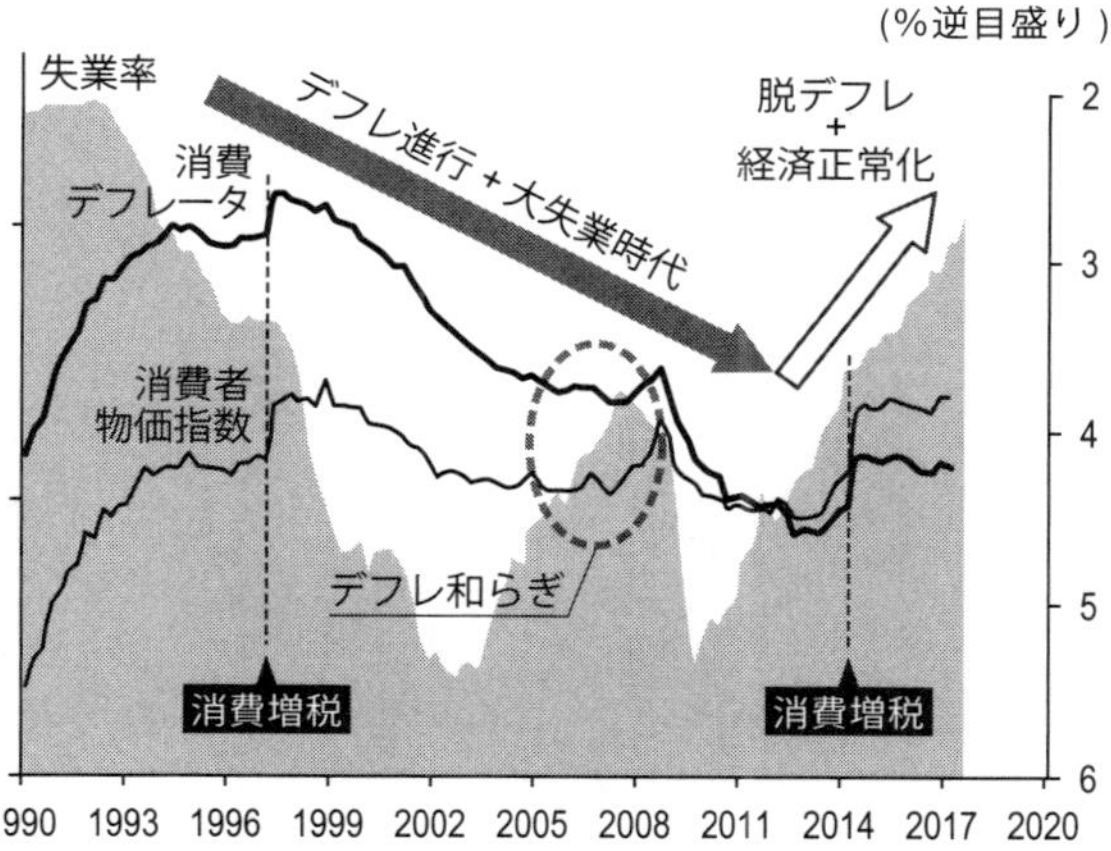

出所：内閣府等より作成

になるので説明は割愛するが、図表2の太線の推移をみると、1997年の消費増税による一時的な押し上げを除けば、1995年初めをピークに低下基調がすでに始まっていた。1995年は為替市場で1ドル80円前後まで円高が進み、紳士服店舗などで「価格破壊」がブームになっていた時期である。1995年の「超円高」によって日本のデフレは始まり（超円高の一因は、当時の政策当局者の判断ミス・不作為にある）、先に述べた1997年の緊縮財政のショッ

クで、デフレが本格化したのである。

いずれの指数でみても、1990年代半ばを境に、日本経済がそれ以降20年続くデフレに陥ったことは確かだ。デフレに移行したこの時に日本経済で起きたことを、他の経済指標と合わせてみてみよう。

図表2では、2つのインフレ指数と失業率を比較している。失業率は、就業希望があるのに職を得ることができない人の割合だが、1990年前半まで2%前後で安定的に推移してきた。ところが、1993年から上昇し始め（図は逆目盛りになっている）、1990年代後半には4%台と、現行統計が始まった1950年代以降で最高水準まで上昇。その後、2000年代前半には5%台半ばまで上昇している。1990年代半ばから大失業とデフレが同時並行で発生していたのである。

デフレが始まっていた1990年代半ばから新卒の就職活動が厳しくなっていたが、その後1990年代後半から就職氷河期が本格化する。そして、2000年代半ばの小泉政権時代に日本銀行が量的金融緩和を小規模で始めた時に、デフレが和らぎ失業率が4%前後まで改善した時期があった。ただ、2008年のリーマンショックでデフレが厳しくなると、大失業時代が再来した。デフレと大失業時代とともに就職氷河期はほぼ常態化したが、後で述べるように２０１０年代に「ブラック企業」が流行語になるまで、労働市場の悪化は凄惨を極めた。

その後、２０１３年から金融緩和政策の転換でデフレが和らぐと、失業率は大きく低下に転じる。２０１７年までは失業率が正常水準にかなり近づく過程で３％付近まで低下した。労働市場の改善に伴い、労働市場の調整弁となる新卒市場は売り手市場に様変わりして、学生の就職率が大きく上昇した。ただ、失業率が正常な水準に近づくまでに、実に20年以上の期間が費やされた。これは時間と経済資源の浪費であり、その意味で日本経済は「失われた20年」を経験したと私は考えている。

以上の経緯を踏まえれば、日本人の労働環境や暮らしぶりと、インフレ・デフレがきわめて密接に関わっていることは明らかだ。デフレになると働く日本人の労働環境は悪化する。デフレによってモノの値段が安くなっても、生活の根幹にかかわる労働市場が悪化するため、多くの労働者、特に子育てなどにお金がかかる若年世代の生活は豊かにならないのだ。

害悪がみえにくいのがデフレ

デフレになって日本人の暮らしぶりがどう変わったかを異なる観点でみるために、「一人当たりGDP」の動きを、先進国の間で比較したグラフで紹介する。GDPという経済指標について疑念を持つ方も多いだろうが、この点については誤解も多いので、第七章で詳しく述べたい。

図表3でみるように、日本は1990年代半ばまで、米国よりもやや高い水準の一人当たりGDP、つまり経済的な豊かさを保っていた。先進国23ヵ国（一人当たりGDP、名目GDPの2つの基準で上位の国を抽出した）の中で4位である。ただ、1990年代後半、まさにデフレが定着すると状況が大きく変わる。他の先進国では、一人当たりGDP水準は上昇基調をたどるが、日本はまったく上昇しなくなり、2000年代以降、米国、香港、オランダ、台湾、ドイツ、フランスなどにつぎつぎと追い抜かれた。2010年半ばからはやや持ち直し、2016年にはフランス、英国と肩を並べる約4万ドルの所得水準となっている。

日本以外の国をみると、順調にGDPを伸ばした米国はほぼ6万ドルで、1995年

[図表3] 一人当たりGDPの推移（主要先進国）

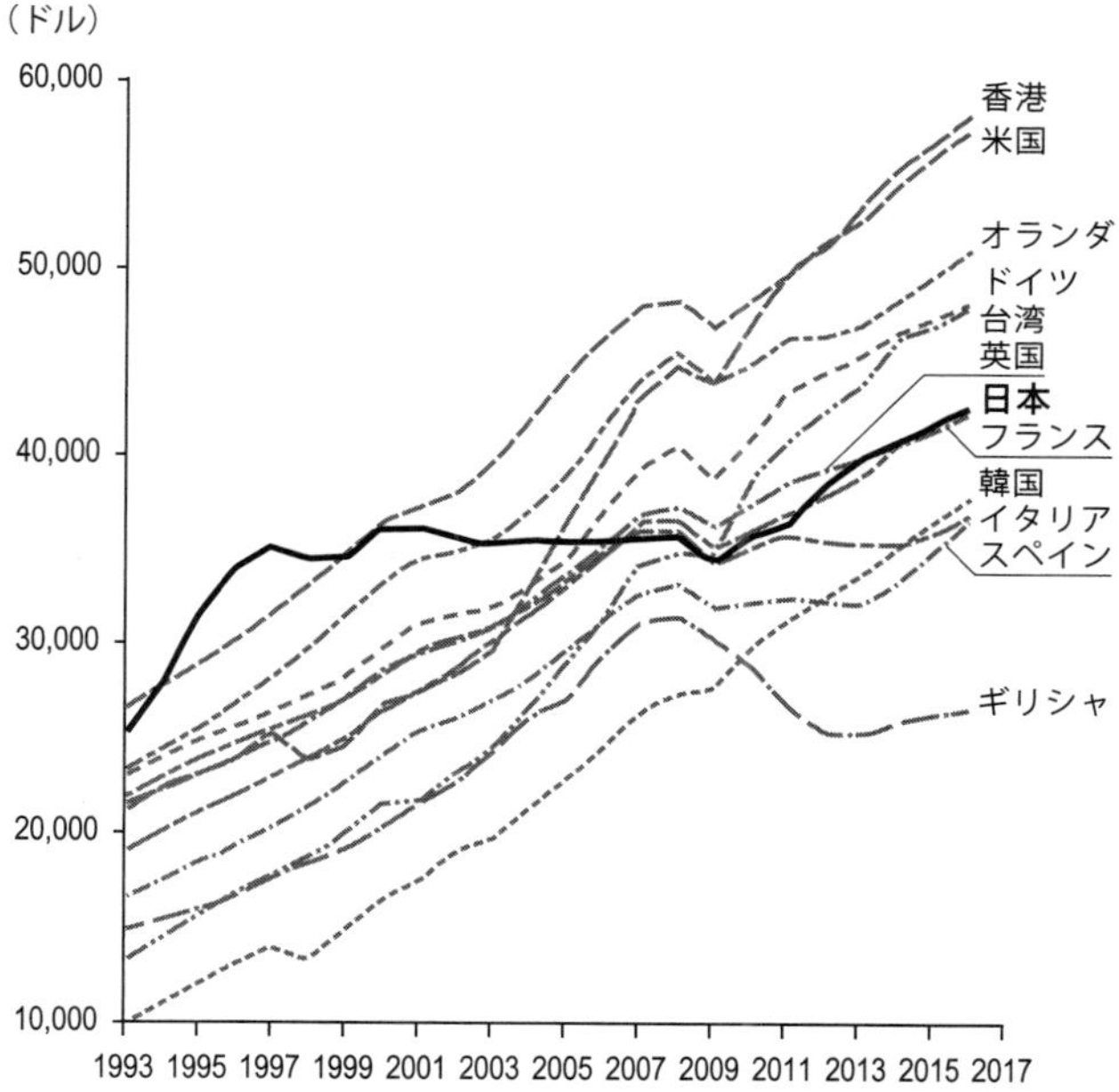

出所：IMF、購買力平価ベース。なお日本についてはIMF換算の購買力平価が実勢の為替レートとの乖離が大きいため、ドル円の10年平均によってドル換算した

から2倍に高まっている。かつてはほぼ同水準だった日本は1・3倍しか伸びず、日本の一人当たりGDPは現在、米国の7割程度にとどまっている。また、米国だけではなく、ドイツなどほとんどの先進国は、過去20年で約2倍まで所得水準を高めている。

2016年時点で日本のランキングは、23ヵ国中15位だが、これより低い国は韓国、スペイン、イタリア、ギリシャなどがある。ただ、韓国は1990年代半ばには1万ドルの低水準だったのが過去20年で約3倍と、急ピッチでGDPが伸びている。最近はやや成長率が停滞しているが、台湾同様に日本に追いつくのは時間の問題だろう。一方、スペイン、イタリア、ギリシャなど南欧諸国は、もともと所得水準が低かったうえ、リーマンショックに加えて欧州債務危機によるダメージを受けたことが痛手となり、日本よりも停滞している。先に述べたように、ギリシャやスペインはデフレを経験している。

いずれにしても、かつては米国同様に「最も豊か」だった日本が、デフレとともに「普通の豊かな国」に格が落ちてしまったことは明白である。一人当たりGDPで4万ドルというのは、日本円にすると約400万円である。読者にとってもっと身近なデータでいえば、これは労働者一人の稼ぐ年収にほぼ相当する。かつては「年収300万円時代到来」が言われていたとおり、成長できない日本は、各国と比べて経済的な豊かさが失われてきたことは明らかだろう。

デフレによって多少モノの値段が下がっても、それ以上に給料などの稼ぎが減ることで、日本人は豊かさを失う。これがデフレという経済現象の本質である。つまり、デフレというモノの値段の下落は、表面上消費者にとって喜ばしいが、実際にはデフレに陥ると、モノの値段と同様あるいはそれ以上に給料の稼ぎが目減りして、就業の機会が失われる。だから家計全体でみると、消費者の生活はデフレとともに実は苦しくなる。デフレの問題がわかりづらく、しかも大きな問題であることが幅広い人々に理解されないのは、モノの値段というみえやすいものに目を奪われて、問題の本質が隠されてしまうからである。

第三章　デフレは「人の価値」も下落させる

サービス価格は「人の価格」

モノの値段が下がるのがデフレの一現象だと前章で述べた。しかし、経済取引はモノだけではない。我々の消費のうち、いわゆるモノは40％前後に過ぎず、60％がいわゆるサービスである。サービスとは、外食（サービスのうち約10％）、携帯電話など通信費（同約6％）、電車バスなどの交通サービス（同約4％）、旅行費（同約3％）、ディズニーランド・映画館・フィットネスクラブなどの娯楽費用（同約3％）など幅広いが、経済のサービス化が進み、サービス消費のウェイトは年々高まっている。

このため、経済全体にとって重要な価格指数を「物価」と表現するのは本来、適切ではない。物価とは、そのまま読めば「モノの価格」となり、この「物価」という言葉が、デフレの問題の本質をわかりづらくするひとつになっている。先に紹介した消費者物価指数（昔から物価指数と言われているが）は、実は消費行動の変化が反映されウェイト（バスケット）が調整されており、半分以上はいわゆるサービスの価格指数である。

この、サービスを含めた価格指数の伸びが経済全体のインフレ率（一般物価と言う）なのだが、デフレとは、このサービス価格を含めたインフレ率がマイナスである状況なのだ。

では、サービス価格は何によって動くのだろうか。さまざまなサービス業によって多少は異なるが、モノではなく、サービスを提供する主たる役割を果たすのはヒトであることが多い（最近はロボットなどによるサービスも増えているが）。ということは、サービス価格は「人の価格」、つまり労働の対価である賃金によって動くのだ。

サービス業の中でも外食がわかりやすい。外食サービスの原価構成のうち半分程度は人件費が占める。１９９０年代から外食では価格破壊が頻繁に起き、先にも紹介したが、牛丼の価格は一時３００円以下まで値下がりし、また低価格で一定程度満足できるサービスを提供する業態が頻繁に生まれている。これら勝ち組のサービス業が成功したのは、経営者による創意工夫のたまものだが、一方で低価格サービスを支えているのは、人件費が低いアルバイト労働者の存在であることは明らかである。

低い賃金に支えられた日本経済

アルバイトなど非正規社員の属性はさまざまだが、非正規社員比率はデフレが始まった１９９５年時点の20・９％から約20年にわたり上昇、２０１４年１～３月に37・９％

まで高まった。その後デフレの和らぎと雇用環境改善で非正規社員比率上昇は止まったが、２０１６年時点で正規社員のうち依然15％は、正規職員の仕事がないため、やむをえず非正規社員として働いている状況だ（いずれも労働力調査より）。また、物価上昇分を加味した「実質賃金」の水準も、１９９７年をピークにその後減少し続け、約20年間で13％賃金水準が下落している（毎月勤労統計調査より）。

つまり、デフレとは、モノの価格下落というより、サービス価格の下落がその本質であり、同時に賃金・給料の下落であることも理解できるだろう。多くの人にとって、デフレは給料の下落と同時に起きるから、デフレによって日本人の生活は苦しくなるのである。

モノやサービスの値段と賃金が同程度下がれば問題ないのでは？　と考える人がいるかもしれない。実際にはインフレ率と賃金は連動して動き、労働市場の需給環境が「実質賃金」に影響する。先にあげたように、１９９０年代半ばから、賃金上昇率から物価上昇率を控除した「実質賃金」は低下し続けた。つまり、労働市場の需給が緩和、つまり人あまりが常態化し、労働は「買い手市場」となり賃金下落圧力が高まる。そして、失業率上昇とともに働きたい人が職の機会を失い、実質賃金下落が重なることで、家計が稼ぐ所得が明らかに減る。デフレによってモノやサービスの値段が下がっても、多くの働く家計（一部は豊かになる人もいるが）が豊かにならないのは至極当然なのである。物価下落というデフレの根幹は、サービス価格すなわち人の価格（賃金）の下落だ。これが長期間続いているのが日本だけなのは、一体なぜなのか？

人口減少で経済が停滞するのか

日本で起きているデフレは、人口減少がもたらしたという説は根強い人気を保っている。人口は経済成長の基盤であり、人口や働き手の減少は経済成長を低め、モノがあまるので物価下落が起きるという説である。この説は、藻谷浩介《もたにこうすけ》氏が２０１０年に書いた『デフレの正体』（角川ｏｎｅテーマ21）がベストセラーとなったことで世の中に広がった。

日本のデフレは１９９０年代半ばから始まったが、15〜64歳の働き手（生産年齢人口）は１９９０年代後半から減少し始めたこともあり、藻谷氏が言うとおり、「デフレと人口減少に関係がある」という説はもっともらしくみえる。ただ、このような説がまかりとおっているのは、ほぼ日本だけだろうと投資家の立場で私は認識している。

まずは、人口・働き手の減少が、デフレを必ずもたらすとは限らない。働き手が減れば労働市場の需給が引き締まるので、賃金には上昇圧力がかかるからである。一方、生産年齢人口の減少が、消費や投資など需要を抑制し、それが価格下落をもたらす側面もある。問題は前者と後者のどちらが大きいかだが、それを決する理論を私は知らない。

理論がないから、「人口減少がデフレをもたらしている」というのは一種のトンデモ理論という扱いでよいと私はみなしている。実証的にも、世界各国でのデータをみると、生産年齢人口とデフレの関係は皆無である。この両者の関係を調べた分析はいくつかあるが、私も各国の生産年齢人口とインフレ率の関係を調べたことがある。具体的には、生産年齢人口が2000〜2010年にかけて減っていた国は、日本以外にも、ドイツ、ブルガリアなどがあるが、それらの国のインフレ率はプラスである（拙著『日本人はなぜ貧乏になったか？』2013年、KADOKAWA／中経出版）。理論的にも実証的にも、日本だけがデフレになっていたことを人口要因で説明することは困難である。

上記のような国際的なデータ分析よりも、ロジカルではないわかりやすい説のほうが多くの人に受け入れられるのかもしれないが、日本だけで起きたデフレ問題の真相が理解されない一因と言えるだろう。

また、「人口減少によって経済成長が不可能になる」というのも思い込みである。人口減少で消費全体の伸びが抑制されるのはそのとおりだ。ただ、長期的に経済成長率を決するのは技術革新であるというのが標準的な経済学の教えである。技術革新とは、「新たな商品の開発」「スキルを高めた労働者による生産性向上」などで実現する。これまでの日本経済の問題は、経済政策の不作為により、企業や家計の創意工夫で生産性を高めるために必要な経済環境を整えることに失敗し続けたことに原因を求められる。なお、人口減少によって日本のＧＤＰ成長率は各国よりさらに低くなるため、先に紹介した「一人当たりのＧＤＰ」が、経済的な豊かさを計測するためにより適切になる。

日本だけの経済失政

人口減少が日本のデフレと関係ないとすれば、なぜ日本だけでデフレが長期間続くのか？　それは、経済全体（財サービス、労働市場）の需要と供給のバランスが崩れたからだ。多くの市場で、「供給＞需要」、つまり供給過多・需要不足状況となり、価格が下落したのである。需要とは、家計がお金を使う消費、企業や政府がお金を使う投資活動などだが、これらが経済成長を変動させる。そして、全体の需要が全般的に大きく落ち込んだ。だから、モノあまり、サービスあまり、そして人あまりとなり、デフレが起きたのである。

経済全体の需要が落ち込み、価格全般が下落し、それと同時に土地・株式などの資産価格下落も同時に起きる、厳しい経済不況が1990年代半ば以降到来した。需要は増減を繰り返す性質があるので、ある程度減少するのは避けられない。ただ、需要減少が長引くと弊害・コストがきわめて大きいため、その落ち込みを和らげる政策対応が、通常どの国でも施される。その具体的な手法が、そうした総需要安定化政策である。

そう考えると、なぜ日本だけでデフレが続くのかは、金融政策、財政政策という総需要安定化政策が日本において不十分・不適切だったからというのが、シンプルで多くの人が納得できる理屈になる。金融政策、財政政策はそれらの責任を負う担当者がいるわけだが、彼らの失政のため引き起こされた現象、それがデフレなのだ。

なお、過去20年の日本と同様に、不適切な金融財政政策によってデフレに陥った国は1930年代の米国など多くあるが、当時は中央銀行の制度や役割が現在ほど明確になっていなかったことが、金融政策が機能不全となった主たる理由である。

デフレという経済現象と、経済政策の関係について比喩を使って説明しよう。景気が悪くなるのは、日本人が消費や投資を抑制し過ぎるため起きることである。要するに、消費者や企業がお金を使わなくなったことで起きる。反対に、使うお金が増えれば、景気はよくなり、雇用が増えて失業者が減り、給料が上がる。このお金が取引される速度・量を経済全体の「体温」と考えていただければ、わかりやすいと思う。「平熱」を保つのは政府・日銀の責任である。ところが、１９９０年のバブル崩壊以降の20年以上、適切な政策が行われず、デフレという「低体温状況」が放置された。

総需要安定化政策の手段である金融政策・財政政策について、それぞれ簡単に解説しよう。

まず金融政策は、中央銀行である日本銀行が物価の安定に責任を負うことで運営される。中央銀行は、通常、政策金利（満期が翌日であるきわめて短期間の資金の貸し借りを行う短期金融市場における貸出金利）をコントロールするが、マネーを機動的に作る権限を唯一持つ機関であり、インフレ率安定に責任を負っている。これは中央銀行の制度がある世界各国における常識である。市場で金利が低下して、お金の量が増え、お金の回りが増えれば、経済の体温は上がる。しかし日本では、日本銀行の政策が不適切だったため、お金の量と回りが停滞し、デフレという低体温状況が20年以上続いた。

そして、財政政策は、経済安定化のために政府が責任を負い運営する。実際には、政治家だけではなく、霞が関の経済官僚が事務方としてプランニングまで含め果たすことが多かった。具体的には、景気が停滞してお金のめぐりが悪い時は、政府自ら税金を使うことで投資・消費を増やす、また減税で家計・企業にお金を戻すことができる。金融緩和同様に、家計・企業のお金が増えて、消費・投資を増やすことができる政策手段と位置付けることができるわけだ。

デフレが人災である理由

デフレは、需要が停滞したことで、供給に対して需要不足の状況になっているから引き起こされ、需要を増やす適切な政策対応が行われていなかったため続いた現象であると述べた。同じことは、デフレという現象の本質からも言い表すことができる。それは、インフレ・デフレは、モノ・サービス・人とマネーのバランスで決定するということである。つまり、デフレとは、マネーという尺度によって価値が測られる「モノ・サービス・人」の価値が低下し、一方でマネーの価値が高まる現象である。

これを直観的に理解していただくためには、図表4のような天秤をイメージしていた

[図表4] モノ・サービス・人の量とマネーの量のイメージ

だければよいだろう。左側の天秤には、モノ・サービス・人があり、右側の天秤にはマネーがある。それぞれ量が増減すれば、天秤のバランスが変わることになる。デフレは、相対的にマネーの量が少ないため、マネーとの対比でモノや人の価格が相対的に低下する(左側の天秤が下に傾く)事象であることがわかる。

マネーの量はどのようにして決まるかについては、さまざまな議論があるが、マネーを創出することができる唯一の機関は、平時には日本銀行などの中央銀行である。だから中央銀行は物価安定に責任を負い、そのために強い権限を持っている。つまり、デフレという経済現象は、第一義的には日本銀行の金融政策が引き起こしたことになるわけだ。

金融政策だけではなく、財政政策によってマネーを増やすこともできる。たとえば、公共投資を増やして、その代金が建設業者に銀行を通じて支払われ、また減税や定額給付金によって家計の銀行預金が増えるなどにより、民間に還流するマネーを増やすことができるからだ。

先に示したように、総需要安定化政策としての金融政策と財政政策によって、しっかりマネーを供給する対応が不十分だったためデフレが起きたことは、インフレ・デフレの本質を理解すれば明らかである。金融政策・財政政策が適切に行われ、十分なマネー供給が実現していれば、日本が経験したデフレは回避されたということになる。デフレは避けられない自然現象ではなく、人為的に引き起こされた人災と言えるわけである。

デフレで過剰な「おもてなし」

東京オリンピック招致のキーワードのひとつとなった「おもてなし」は、日本が誇るべき文化だと多くの人が思っているだろう。多くの日本人は、人と人との「間柄」を配慮しながら生きるのが当然と思っているのではないか。実際に日本では、接客などの場で心地よい「おもてなし」が当然のように行われてきた。

ただ、「おもてなし」が本当に日本だけでみられる特殊な文化と言えるのか、私は懐疑的である。私に不勉強な部分があるかもしれないが、接客やビジネスの現場で、人と人との間柄を重視する、端的にいえば「相手の意向を配慮してサービスをする」というのは、どこの国でも行われていることのように思えるからである。私は、外資系の複数の会社で働いてきたが、いろいろな「おもてなし」をよくみかけた（ちなみに、「忖度《そんたく》」も普通である）。

つまり、「おもてなし」は、一定程度に経済的に豊かになれば広がる自然なふるまいなのではないかということである。サービスをする側の人間が、顧客に十分な配慮をすることで、売上を増やそうとするのはごく当たり前だ。もちろん、日本の「おもてなし」には、金銭的やり取りだけではなく人間関係を円滑にすることが主たる目的である場合も多いだろうが、いずれにしてもなんらかのメリットがあるからこそ、サービスを提供する側が相手側に配慮を示す。それがいわゆる「おもてなし」ではないだろうか。

私は、日本の小売り・サービスなどを利用する消費者の一人だが、日本ではどこで買い物をし、飲食などのサービスを受けても、お礼と笑顔は自然についてくる。この点は他の先進国よりも徹底しているので、日本では「気持ちよく消費する」ことが当たり前になっている。海外に行けばそうでもないことを経験することが多く、そうした意味で、日本で受けるサービスは国際的にも高い水準に位置するだろう。

ただ、一方で、長年デフレが続いてきたため、この「おもてなし」が行き過ぎの領域に入っている事象が増えているように思われる。「おもてなし」をビジネスの現場に特定したうえで別の言葉で言い換えれば、顧客満足度を高めるということになるだろう。そして、顧客満足度を高めることが当たり前になれば、それはサービスをする側の従業員に対して客が過剰な接客サービスを要求することにつながる。

コンビニエンスストアの店員に対して顧客がクレームをつけて土下座させたことが、話題になったことがあった。個別の詳細について私は知らないが、顧客が過剰なサービスを要求することが当たり前になったことを示す典型例のひとつとは言えないか。

デフレを伴う経済不況は、モノが極端に売れないことを意味するが、その本質は人（従業員）の価値（給料）も低下することだった。だからデフレ不況では、サービスを提供する側（従業員）に比べて、消費者の立場が相対的に強くなる。過剰な接客やサービスへの要求が高まり、従業員は過剰な「お客様扱い」を強いられる。客（消費者）は過剰な接客を当然とみなし、さらにわがままになっていく。デフレによって人・サービスの価格が究極まで低下した一例だ。

顧客満足度を高めるサービスが「無料」にみえるのはもちろん幻想であり、そうしたサービスを提供するには一定のコストがかかる。ただ、日本ではデフレという人の価値が下がり続ける経済状況が続き、そうした当たり前のことすら、消費者が理解しがたくなっていたのではないか。先にあげたような行き過ぎたクレーマーは少数の人間に限られるだろうが、客側の要求あるいはクレームは何でも許されるという幻想が、そこには広がっていたのかもしれない。

第四章　若者の貧困化を放置する社会

若者世代への経済的虐待

デフレは深刻な人災であり、それによって日本人の生活は貧しくなってきたことを、これまで示した。労働環境が悪化し、給料が増える期待も抱けず、将来が不安なためよけい貯蓄に励み、それが消費を減らすという悪循環が起きる。名目GDPであらわされる経済全体のパイ、企業活動でいえば売上が縮小し続ける経済状況はきわめて厳しい環境である。

もちろん、企業経営者やサラリーマンは、デフレという厳しい環境でも、前向きに努力し続けることをやめることはできない。官公庁や規制で守られている組織に属さない、市場競争にさらされている大多数の人は、市場経済というゲームから逃れられない。ただ、デフレとパイ縮小の経済舞台は、ほとんど「無理ゲー」の世界での戦いである。ひじょうに大きいハンデを背負い、いわば大リーグ養成ギプスをつけられながら日本人は経済活動を行うことを強いられたと喩《たと》えることができる。

デフレの害悪は経済全体を蝕《むしば》むわけだが、その影響度合いは世代や立場によって異なることが、問題解決を難しくしている。というのも、デフレが始まる前の1990年代前半までに経済的に成功し、社会的な立場を高めた人たちは、デフレの害悪を大きく感じることはあまりない。過去に蓄積した預貯金が多い人ほど、デフレによって実質的な預金の価値が高まるので、相対的には豊かさを享受できるからである（ただし、経済全体の低成長が続けば、年金給付金が目減りするので高齢者の豊かさも損なわれるが、それにはとても長い時間がかかるので認識されがたい）。

一方、デフレが始まった１９９０年代半ば以降に社会人となった、現在40歳代半ば以下の現役世代は、就職氷河期に直面して、不安定な職につくことが多くなり、しかも賃金はほとんど上昇せず、子育てをしている平均的な家計はひじょうに苦しくなる。日本で貧困問題がクローズアップされたのは、いくつか要因があるが、一番大きなファクターは１９９０年代以降の経済失政によるデフレと低成長によって、若年世代の低所得層の生活水準が大きく落ち込んだことである。

若年世代低所得者の生活の貧困は、経済成長の礎となる人的資本が毀損《きそん》される経路で日本経済の長期的な成長基盤を蝕む。一例が、生活が苦しいことを理由に大学など高等教育の中退を余儀なくされる若者の存在である。

文部科学省の調査によれば、２０１２年度（アベノミクスが始まる直前）に大学などを中退した若者は約8万人と、全学生に占める割合は2・65％に増加した。5年前の調査から0・2ポイントと僅かな上昇にみえるが、学生が中退した理由としては「経済的理由」が20・4％と、5年前から6・4ポイントも増加した。同省によれば、「家庭の経済状況の厳しさだけでなく、将来の返済への不安から奨学金の利用をためらっている様子もうかがえる」とのことである。

1990年代から就職氷河期が恒常化していたが、就職活動に入るその前段階において、不況による金銭的な事情から卒業を諦めざるを得ない若者が増えていたわけだ。そうした若者は、残念ながら、スキルを身につける職につくチャンスを得ることが難しくなってしまう。就業の機会が狭くなりスキルを高めることができない労働者が増えれば生産性向上が阻害され、長期的な経済成長率の低下をもたらす。

デフレと低成長、それがもたらす経済的な貧困は、若者世代への「経済的虐待」と言えるのである。

デフレとチャレンジ精神

経済が成長しなければ、資本主義の世界では民間による雇用創出が十分実現しない。

そして、デフレという人の価値低下で、つねに「人があまる」状況になれば、アルバイトなどの非正規社員への置き換えが必要以上に進む。賃金が上がらず、消費が増えず、だから全体のパイが縮小するという悪循環が起きる。

そうした経済状況が長期化すると、「一発あててやろう」というリスクテーカーとしての日本人の起業家精神も失われる。ごく少数の優秀な人しか起業することが難しくなる。第一章の近未来小説で、経済成長が続く中国では起業が活発であるのに対して、低成長が続く日本ではそれが難しくなっていることを描いたのは、このためだ。

「起業・開業活動の減少」はデフレと長期停滞というマクロ経済の動向と密接な関係がある。インフレが定着し、経済成長率が高まり、多くの人が「景気がよい」状態になれば、より高い目標を目指し、起業や転職にチャレンジする動きが増える。

そうした考えを以前私が述べた時に、ＳＮＳなどで「デフレの問題と個人の起業や転職は関係ないのではないか」という意見を頂戴したことがあった。中には「日本では、バブル期に開業率が最も低かった（?）」という例をあげて、「デフレ（経済停滞）と起業活動は関係なく、景気がよすぎると開業率が低くなる」という指摘もいただいた。

もし、この考えが正しいとすれば、バブルのように景気がよいと起業・開業の動きが停滞し、反対に「デフレと景気低迷時」のほうが起業が活発になるはずだ。前出のような指摘をする人々は、以下のような考えなのかもしれない。つまり、デフレという厳しい経済状況で既存企業の淘汰が進む。そうした中でこそ新規ビジネスが勃興しやすい。また、バブルのように景気がよい時は必要に迫られ起業する必要はなく、既存企業の淘汰が進まないので起業・開業が停滞する。

こうした考えとは反対に、先に述べたように私は、「起業や転職が活発になるには、景気がよくなり、仮に失敗してもリカバリーできる経済状態のほうが、幅広い人が起業などにチャレンジする機会が増える」と考える。どちらが正しいのだろうか？

起業する人が減り続ける

起業（開業率）の動向について、さまざまな解釈がある背景をたどっていくと、日本の会社の開業率の計測には、複数の基礎データが使われている事実に行き着く。

総務省の事業所・企業統計調査では、開業率はバブル期に下がり１９９０年代半ばまで低下、その後デフレが本格化したタイミングで開業率が下げ止まった。つまり、バブル期に開業率が先に低下、その後は開業率が持ち直したようにみえる。ただ、同調査に

[図表5] 開業率・廃業率の推移
（事業所統計バージョンと雇用保険バージョン）

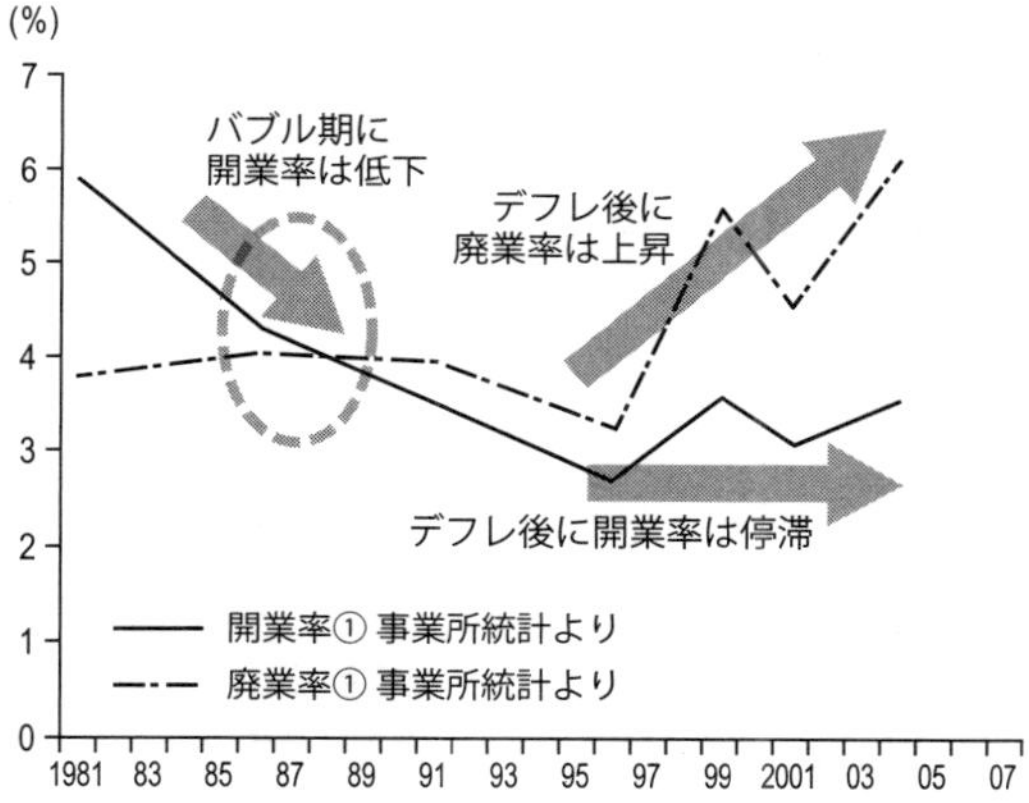

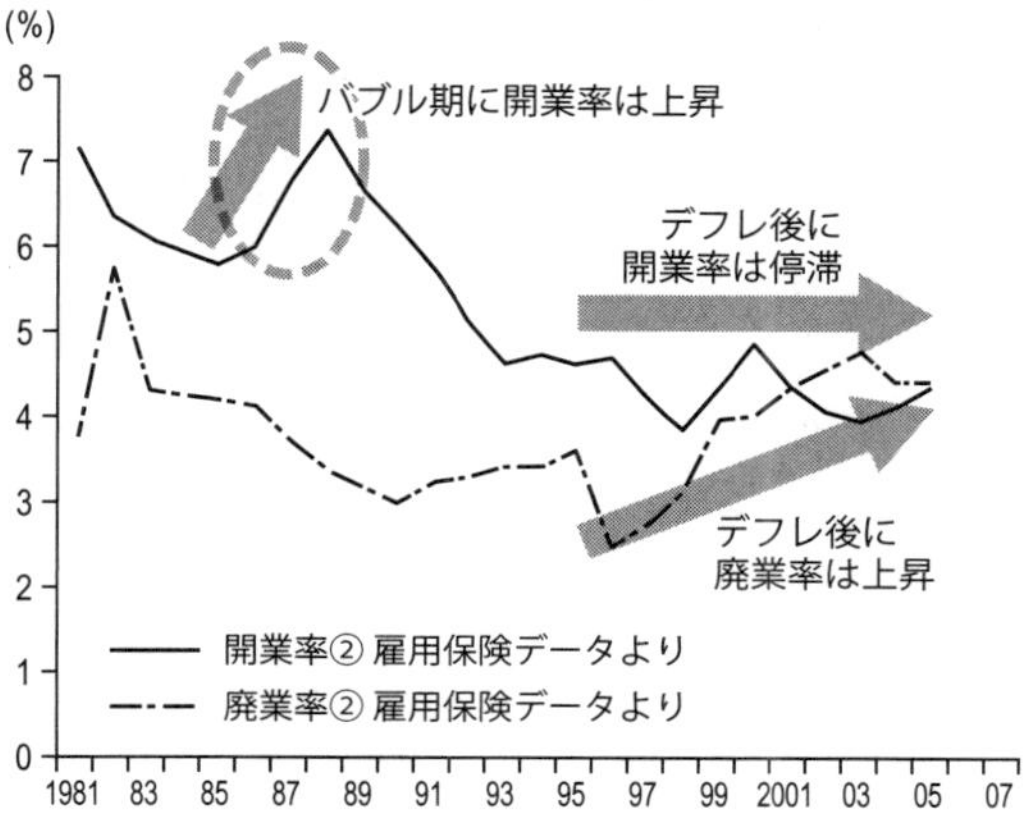

出所：総務省、厚生労働省

よれば、開業率が１９９０年代後半から持ち直し、その後ほぼ横ばいで推移する一方、廃業率の上昇傾向ははっきりしている。廃業率上昇すなわち既存企業の淘汰が進んでも、開業率は高まっていない（図表5上）。

一方、厚生労働省の雇用保険のデータでは、バブル期に開業率が上昇し、バブル崩壊後に開業率は低下している。そして、前出の事業所統計のデータ同様に、１９９０年代後半から開業率の停滞が続く中で、廃業率が上昇している（図表5下）。

まとめると、それぞれ統計に特徴があり、どれが正しいかは判断が難しい。ただ、（1）バブル期の開業率は、「上昇」と「低下」の2つのデータがある。（2）2つのデータでも、１９９０年代後半以降開業率はほぼ横ばいである一方、デフレが本格化してからは廃業率が上昇している。つまり「廃業率が上昇しても、それが開業率の上昇にはつながっていない」とは言える。ということは、既存企業の淘汰が進むデフレ不況のほうが起業や新たなビジネス勃興に望ましいというより、成長率が高い好景気のほうが（仮に淘汰が少なくても）開業のチャンスが広がるわけだ。

これに関連して、日本の起業活動に関する異なるサーベイを紹介しよう。２０１４年4月下旬に公表された中小企業白書では、２０１２年時点の「起業希望者」は約84万人と、１９９７年の約１６７万人から約半分にまで大きく減少したと分析されている。これを「起業希望者半減」とセンセーショナルに伝えたメディアもあった。実際に起業して成功している、あるいは将来の起業を目指している人などから、日本での起業家精神の冷え込みを嘆き、「日本経済の停滞の象徴」などと評された。また、「意識が高い人々」を中心に、「起業に対する日本人の意識を変えなければいけない」「従順なサラリーマンを育てる教育が悪い」「起業を支援する制度を充実させるべき」など、さまざまな意見が聞かれた。

たしかに、「起業を目指す人が半減」と聞けばショッキングだが、「起業希望者」とは、「自分で事業をいずれ起こしたい」と考える人である。漠然と起業したいと考える人は相当いるわけで、実際に起業した人の数とはまったく異なる。たとえば１９９７年には１６７万人の起業希望者がいたが、実際にその1年間に起業した人は28・７万人に過ぎない。「考えるだけ」の人はたくさんいても、実際に起業に至るには、相当ハードルが高いということである。

同じ調査では、実際に1年間に起業した人の数は、１９９７年の28・７万人から、２０１２年には22・３万人と２割以上減っている。「考えているだけの人」は以前から多く存在しており、「起業したい希望者」が半減したというよりも、デフレが始まった1990年代後半から起業する人が減少し続け、15年間で20％以上減った事実のほうが、事態の深刻さをより正しく示していると言える。先の開業率・廃業率のデータでも示したように、「不況で企業の淘汰という新陳代謝が進まないと起業が活発化しない」と言われるのは誤解である。「デフレが始まり企業の淘汰は増えても起業する人は増えない」のが真実である。

起業しないのが合理的選択

日本人が起業しなくなったことについて、メディアではさまざまな説が言われている。本当に過去20年で、日本人が急に臆病になったのか？　日本人の意識が大きく変わったのか？　日本の教育が大きく変わったのか？　あるいは起業を支援する政府などの支援が、かつては充実していたのか？　どれも違うと私は考える。日本人の気質が10年程度で突如変わるとは思えない。

1960年代の高度成長期以降、デフレと経済停滞が始まった1990年代半ばまでは、日本では起業は活発だった。その結果、経済が発展し日本人は豊かさを高めた。これは、1980年代のバブル崩壊までは、適切なマクロ安定化政策が続き、このため経済が安定的に成長したためである。既存企業が切磋琢磨し、あるいは起業による新たなプレーヤーによる技術革新が経済活動を活性化させ、日本の経済発展を支えた。

実際に、日本で起業が衰え始めた時期と、インフレ安定に責任を持つ日本銀行の政策によってデフレという異常な経済状況が始まった時期は、ほぼ同じだ。デフレが長期化して、起業というリスクをとる行動に経済合理性を見出すことが難しかったから、と考えるのが最も自然である。

つまり、日本で起業が停滞した理由は、「日本人は起業が苦手だから」ではなく、起業という行動の本質を多くの日本人がよく理解しているから、というのが本当の理由なのだ。デフレと未曾有《みぞう》の低成長という経済環境に直面し、起業に慎重になるという合理的な行動が広がったのはきわめて自然なことである。第一章の近未来小説で描かれている、日本人亮太と中国人劉のビジネスマンとしての行動や考え方の違いも、両国の経済環境がもたらしている。

もちろん、デフレ時代の過去20年の間にも、きわめて優秀な事業家が誕生し、革新的なビジネスで成功してきた例があるのは確かである。サラリーマンでも転職の機会をうまく活かしてきた人々も少なくない。だが、日本のようなデフレの経済環境下では、それは一部の幸運な人に限られた。デフレは、多くの日本人のチャレンジ精神を損ねる、深刻な害悪を及ぼした。

余儀なく会社に縛られる

デフレと長期の低成長によって日本で起業が減ったことと同様に、経済不況はサラリーマンの行動にも影響を及ぼした。私事で恐縮だが、私は複数の会社でサラリーマンを20年以上勤めている。起業しない理由のひとつは、自分には起業する才覚が乏しいことである。一方で、起業ほどではないが、サラリーマンでも、やりがいのある職の機会を得たり、所得を高める手段として転職がある。

先に説明したように、デフレ不況が日本人の起業を阻害していたことを踏まえると、若年層を中心としたサラリーマンの転職もデフレによって抑制されていたと言える。経済環境が悪い状況が永続する中では、仮に考えている転職先が魅力ある職場であっても、たとえばベンチャーなど企業規模が小さければ、失職リスクが高いことは言うまでもない。

経済全体のパイが拡大する状況であれば、仮に失敗してもやり直しの機会があると思えば、リスクテイクしやすくなる。ところが、失業率が上昇する人手あまりの就職氷河期に、正社員の職を一度失うと、同様のポジションを得ることが難しく、場合によっては長期的なキャリア形成に失敗する恐れすら出てくる。特に若年層のサラリーマンにとってチャレンジの選択肢である転職は、結局はリターンとリスクの見合いで判断されるが、リスクが大きければそれに踏み出さないことが合理的な判断になる場合が多くなる。

「転職が広がらない労働市場の機能不全」または「終身雇用の日本的雇用慣行」が、日本経済が抱える問題などとメディアで論者などが議論している。私は、日本的雇用制度にはメリット・デメリット双方あると考えているが、流動的で活発な外部労働市場は必要としても、それが生かされる大前提は労働市場の需給が正常にバランスしていることだ。デフレという経済全体の大問題を放置すれば、失職リスクが高いままなので、リスクテイクできる労働者が自然と減少する。先に述べた、日本で起業マインドが低下したのと同様である。若年層の労働環境が変わり、就業難が長期化して社会問題として話題になっていたが、その背景には、「若者の気質が変わった」などのあいまいな要因が存在したわけではなかったのである。

重要なことは、総需要が停滞し経済全般が縮小する中で、仮に解雇法制の見直しなどの労働市場の改革が実現したところで、経済全体で若年層の雇用の場が十分増えないことである。デフレという経済環境で、労働市場で人手あまりの状況であれば、仮に運よくどこかの会社の正社員の職を得たとしても、ほかの企業への転職のコストはきわめて大きくなる。転職のリスクが高いため、満足とは言いがたい職場環境でも、我慢を重ねて働き続けることを選択する人が多くなる。１９９０年代後半から、必然的に「会社に縛られる生き方」を余儀なくされるケースが多くなり、日本のサラリーマンの間で「リスクを取らない世界」が広がったのは自然なのだ。

デフレで少子化が進んだ

数年前までは「若者の草食化」現象が話題になっていた。失職のリスクが高い経済状況で、かつデフレが続き、所得水準は下がり続ける。同時に将来豊かになるという期待も低下して、考え方・行動が慎重化したことが「若者の草食化」として表れたと考えることができるだろう。

この言葉は、2000年代後半から聞かれるようになった。女性が「肉食化」したことに対して男性が「草食化」したという観点から、「若者の草食化」は、若者の気質など文化的な観点から語られることが多いし、そうした議論すべてを私は否定するつもりはない。

だが実際には、デフレが始まってからの若年世代の所得水準の低下や貧困という経済的な変化が晩婚化を後押ししたことなどが、「男性の草食化」を強めたように思われる。もちろん、日本人の晩婚化には、女性の社会進出（所得水準の高まり）、男女・家族の考え方の多様化など複数の要因が影響していた。それら自体は避けられないもので批判されるべきではない。私が問題だと考えるのは、デフレという人災によって、若年世代の経済環境が悪化したことが結婚を困難にし、必要以上に晩婚化が進んでいった可能性である。それは、必要以上に少子化を後押ししていたことを意味するわけだ。

経済的な要因によって「若者の草食化」と似た現象が起きるのは日本だけではない。2008年のリーマンショック後の米国において、両親と同居する若年世代（18～34歳）の動向を解説したゴールドマン・サックスのエコノミスト（Mericle/Reichgott）が書いたレポート（What's Keeping the Kids at Their Parents' Home? August 2015）が興味深いので以下で紹介しよう。ポイントは2つあり、(1)2008年のリーマンショック後の景気悪化によって米国で親と同居する若年世代の割合が従前の27%前後から2012年に31%まで高まった(日本の若者に関しては、草食化よりも先に1990年代からパラサイト化が言われた)、(2)2014年からの経済安定でこの割合が低下し始めた、という内容である。

2008年にリーマンショックが起きてからほぼ10年になるが、その後先進国の中で米国は経済安定化をいち早く実現し、株式市場でも米国株のパフォーマンスは総じて他国を上回っていた。ただ、米国でもその後の景気の落ち込みが大きく、労働市場の劣悪化により、若年世代が親と同居する割合が大きく増える事態となっていた。そして、労働市場の改善が続き、両親と同居していた若年世代が独立するようになり、そうした行動が今後の米国の住宅需要を下支えするとの見通しが示されていた。つまり、深刻な不況という経済的な要因が若者の生き方、生活スタイルに大きな影響を及ぼすのである。

評論家の古谷経衡《ふるやつねひら》氏は、「『若者の草食化』という概念は、社会情勢を主要因とした若者の貧困・困窮といった問題の責任を回避しようとして打ち立てられた『若者観』である」(『欲望のすすめ』2014年、ベスト新書)と指摘しているが、私も同感である。デフレを放置してきた政策当局者や関係者による言い訳、いわば責任転嫁のひとつの手段として、メディアを通じて広がった側面があると私は考えている。

ブラック企業は必然だった

同様にデフレが引き起こしたと言える社会現象が、２０１２年頃まで問題となった「ブラック企業」だ。これについても、突然発生した社会現象とは言えないと私は考える。当時は、民主党政権下における経済失政、具体的には東日本大震災復興に迅速な経済政策を打ち出せなかったこと、日本銀行の金融緩和が不十分だったため超円高が続いたことによって低成長が続き、デフレが深刻化していた。

また、近年のことだから記憶に新しいが、当時の民主党政権の経済政策とその妥当性については、日本の経済メディア等ではほとんど議論されていなかった。野党であった自民党も民主党の経済政策への批判は一部に限られた。これでは日本経済はデフレから脱することが永遠にできないだろうと、私はかなり悲観的だった。

その時、社会問題化したのがブラック企業だった。デフレと低成長、つまり売上減少が永続すると企業経営者が考えれば、何が起こるか。それは人手あまりも永続することを意味する。であれば、企業は生き残るために、従業員に対する処遇を厳しくするのが必然である。だから多くの企業で職場環境が悪化することになった。

もちろん、優秀な企業経営者は、従業員に劣悪な職場環境を意図的に提供したりはしない。しかし、デフレと縮小均衡では、コスト抑制が何より重要になるのだから、人件費抑制が最重要課題になる。多くの経営者は、価格下落によって市場シェアを獲得する戦略に軸足を置くことになる。そうした企業が市場シェアを獲得することになれば、他の経営者も追随するだろうから、従業員を酷使することで利益を高めることが、多くの企業にとって合理的になる。企業利益が増えても従業員の賃金は上がらないし、人員も最小限に抑制される。

成長しない、パイが限られた経済環境だと、サラリーマンの職場では何が起こるか。売上を増やすという前向きなことよりも、同僚同士の足の引っ張り合いがサラリーマンの自己利益を最大化するケースが多くなるだろう。殺伐《さつばつ》とした職場が増えるのであり、ブラック企業が自然に増殖するわけだ。第一章の近未来小説で、美咲が日本の企業に絶望するのも仕方がないことである。

2012年末以降に日本銀行の金融緩和政策の強化が実現するまで、日本経済の閉塞感が高まり、ブラック企業が社会問題として話題になるほど状況が悪化した。それは長引くデフレの害悪という意味で、若者の草食化と同様に位置づけることができる。

第五章　「人手不足は悪」報道の正体

誰にとっての宅配クライシス？

２０１７年になってから大手宅配会社で人手不足が深刻になり、サービス抑制や値上げの動きが話題になった。この現象について、経済メディアなどは「宅配クライシス」などとセンセーショナルに報じた。人手不足で宅配サービスが困難に直面、また宅配という便利なサービスがこれまでのように使えなくなるという「消費者の不安」に訴える記事が散見される。

「宅配クライシス」の本質とは何か。それは、ｅコマースの進展で「成長産業」となっている宅配業が、人手不足などでボトルネックに直面していたことである。実際に、２０１７年になってからの有効求人倍率をみると、自動車運転で２・７倍、梱包も３倍近くまで上昇している。

過去20年以上のデフレが続く中で、ｅコマース大手が表面上は無料で配達するなど、宅配サービス料金は極端に抑制されてきた。ところが、２０１７年には失業率が24年ぶりの水準まで低下するなど、労働市場では需給が引き締まり続けた。労働集約的サービスに依存する宅配業においては、人的コストを転嫁せずにサービスを維持するのが難しくなったのだ。

デフレが和らぎ人手あまりという異常な状況が解消される中で、人件費のコストが高まれば、それまで行われていた宅配業のサービスについてもコスト負担を高めないと維持できなくなってくる。過去10年あまりｅコマースが発展する過程で、あたかも購入商品を無料でスピーディーに自宅に届けてくれるサービスが自然に広がったと錯覚するかもしれない。しかし、当たり前なのだが、配送サービスを支えているのはサービス水準が高い宅配業者であり、そのコストはｅコマース会社や宅配業者が負担していたのである。

実際に、人の価値が低くなるデフレによって下落していた賃金がようやく下げ止まり、賃金が少し上がり始めてそのコストが高まれば、宅配業者のサービス価格が自然に上昇する。これは、それまで無料に見えていたサービスが有料になったり、きめ細かく時間通りに届けるなどのサービスがなくなったり、一見消費者にとっては不便になることを意味する。この便益を享受する一方でこうしたサービス悪化に不平を言う人は、先に述べた「若者への経済的虐待」が是正されることに不満を言っているのと同じである。

つまり、この動きは、第二章で説明した「デフレによって一見消費者は豊かになるようにみえる」のと逆の現象が起きているだけに過ぎない。デフレ脱却という経済の正常化が起きれば、そのコストが明らかになることで、さまざまなサービスの価格は高まる。そして、一見無料にみえたサービス価格にも明示的な値段がつく。それは、人の価値が低下し続けるデフレと反対で、賃金上昇によって労働者の価値が高まるという、きわめてまっとうで正常な経済状況が訪れることを意味するわけだ。

日本の「おもてなし」は、デフレが長期化したため、顧客に対する過剰なサービスとなっていた可能性を第三章で説明した。「宅配クライシス」の動きは経済正常化の象徴だが、同時に「お客様を神様と崇める」が如き行き過ぎた「おもてなし」が、妥当でまっとうな「おもてなし」に戻りつつあることを示唆してもいる。

企業は人手不足で苦しい？

労働市場の需給状況を反映する経済指標が、第二章で紹介した失業率である。デフレが始まった１９９０年代半ばから就職氷河期が始まり、デフレの長期化とともに失業率が高い水準が続いたが、２０１７年に22年ぶりに２％台まで低下した。

一方、経済メディアでは、失業率低下が続き人手不足の状況が広がり、「人手不足が企業収益を圧迫している」ことを強調する記事が目立つようになっている。企業側からみれば人件費はコストであり、それだけが高まれば、その分利益は減ることになる。先にあげた宅配業などの労働集約的な産業では、特に人件費が企業収益を大きく左右する。企業側の視点からみると、人手不足や失業率低下は必ずしも「よい現象」ではない。

この企業側の視点と同様になりやすいのが、上場している企業の株式を保有する投資家だ。なお、私は現在外資系運用会社に勤めているが、かつては投資家を顧客とする立場でエコノミストとしてレポート執筆やプレゼンテーションなどの業務を経験しており、株式投資家の思考に接した経験が多い。

当然、多くの投資家は、重点的に投資している企業の株式が上昇することを期待するわけだが、その判断材料の重要な要素は、将来にわたり企業の利益がどれだけ増えるのかということである。そして、その企業が売上を伸ばす一方で、コストである人件費を同時にどれだけ抑制し利益率を高められるかという点が重視される。市場シェアと利益拡大を目指す、経営者と同様の思考になりやすい。

こうした企業経営者や投資家の考えが、経済メディアの論調などに影響する。それは彼らが、経済メディアにとって重要な取材先であるからだ。一方、一般の「名もなき労働者」が取材対象となるケースは数少ないため、非対称性がある。経済メディアにおいて、失業率低下や人手不足を、企業収益を圧迫するものという観点から書かれた記事が目立つのには、そうした背景がある。

ただ、2017年時点の日本経済の状況を踏まえれば、実際には、経済メディアが伝えるように人手不足が問題になり、それが成長率を抑制していると私は考えていない。むしろ、日本経済全体が持続的・安定的に成長するためには、人手不足がより広がり長期化することで、家計の所得と個人消費が増える必要があると考えている。そうした意味では、人手不足が大きな問題であるかのようなメディアの論調に対して、運用会社のマーケット・ストラテジストとして私は大きな違和感を持っている。

景気回復の恩恵は企業に集中

たしかに2017年には失業率が3%を下回る水準まで改善した。しかし経済成長を損なうほどの人手不足には至っていないのが実情である。そもそも、日本経済は199

0年代半ばまで、つまりデフレが始まるまでは2％台の失業率を安定的に保っていた。それが日本経済にとって正常な状況であり、2017年になってからそうした状況に近づいているだけのことに過ぎない。

一方、一部エコノミストによるナイーブな分析によって、「構造的な失業率は3％台半ばにある」との見方がメディアを通じて、消費増税が行われた2014年に広がっていた。就業を希望する人がほぼ全員就業できている水準が構造失業率・均衡失業率などと言われるが、これを実際の失業率が下回れば、人手不足が行き過ぎて持続しないということになる。

しかし、本当に「3％台半ばの構造失業率」を下回り経済全体で人手不足となっているのであれば、需給ひっ迫によって賃金上昇が起こるのが市場メカニズムである。2017年時点で、かつてのような賃金下落局面は終わったが、賃金上昇ペースは過去3年からほとんど変わらず、僅かな伸びにとどまっている。つまり、就業を希望するけれども働くことができない人はまだ相当程度残っているということだ。

本当に労働市場の需給が改善し労働市場全体であまっている人が枯渇するような状況であれば、賃金を引き上げるなど労働条件を改善させることで、企業は人手確保を行う。2017年半ばまでの賃金の状況を考えれば、依然そうした状況に至っていないと考えるのが自然である。要するに経済全体でみれば人手不足とは言えない。

もちろん、これは経済全体の観点での話であり、産業ごとに事情が異なるのだから、人手不足に直面している企業が存在することを否定はしない。ただ、それはあくまでごく一部の産業や企業に限定されている。経済メディアでは、先ほど説明した「宅配クライシス」というセンセーショナルなタイトルが典型例だが、一部産業の動きをあたかも経済全体の動きであるかのような伝え方をする。しかし、失業率や賃金などの経済指標からみれば、人手不足が深刻になり、それが経済成長を損なうような状況には至っていない。

労働市場のデータを俯瞰すれば、人手不足状況が長期化して、賃金が上昇する余地がまだ残っている。また、今後賃金が上昇することは、日本経済が持続的に安定成長するために必要になってくるだろう。これは、企業と家計の所得分配の観点からも言えることだ。2000年代半ばの小泉政権期、そしてアベノミクス発動後の2013年以降の景気回復、これら2回の循環的な日本の景気回復局面において、いずれも上場企業を中心に企業利益は過去最高水準を更新した。

[図表6] 労働分配率の推移

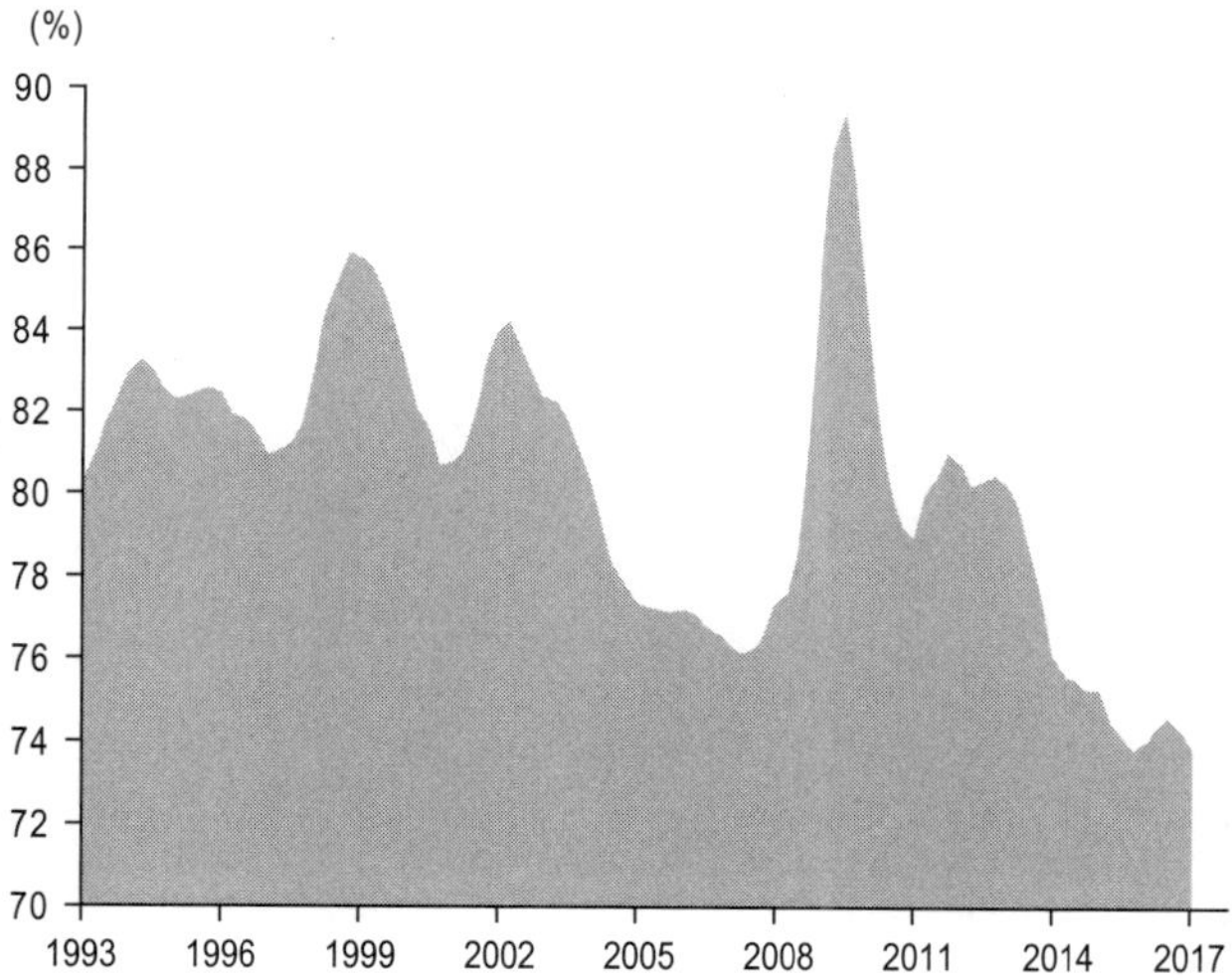

出所：財務省　労働分配率＝人件費／（人件費＋営業利益）、
４半期移動平均

これは、景気が上向きの方向にあるが、その恩恵のほとんどが企業に集中して景気回復が実現していたことを意味する。家計所得と企業利益の割合を示す指標として労働分配率があるが、これは２０１３年以降急ピッチに低下し、１９９０年半ば以降で最低水準の70％台半ばまで低下した（図表6）。実際には景気回復は、企業利益が先に増えて、それが家計に波及するという順番を辿るので、経済の回復局面では労働分配率は多くの場合低下する。そうした観点で労働分配率の低下は望ましい。

しかし、2000年代以降の景気回復局面では、景気回復による売上拡大の恩恵が企業に偏り過ぎており、労働分配率の低下ペースが急ピッチ過ぎたと考えられる。経済全体のGDP規模は550兆円規模で、それらは、家計・企業・政府部門のそれぞれの所得として分配される。その中でも、家計部門の所得は約300兆円であり、全体の所得の半分以上を占める。GDP成長率が持続的に伸びるためには、所得の多くを占める家計の所得が増え、それが個人消費を増やす経路をより太くする必要がある。

人手不足は正常な状況

人手不足が局所的にあらわれても経済全体では労働市場で働きたい人があまっているという意味で、2017年の時点で失業率は十分低下していない。そのため、日本企業の多くが人件費負担を積極的に増やしてまで、人的資源を確保するインセンティブが強くないのが現状である。企業が市場で勝ち残るために、競争力の源泉である「人的資源」を、他社との取り合いを通じて積極的に確保しようとすることが合理的な行動になってもおかしくないが、実際には人手確保を優先させる動きは限定的にしか起きていない。

企業が稼いだ売上・利益をどのように配分するかは、経営者がどのステークホルダー（利害関係者）を重視するかに依存する。もちろん、個々の企業によって事情は異なるため、「配分比率」に教科書的な正解はないが、経済環境が変われば配分比率が変わるのは当たり前である。

現状は、企業全体でみれば、人手確保を優先せざるを得ない状況ではないので、企業の売上拡大が従業員給与に回る分は抑制され、利益拡大が優先されている。また、これまでデフレが当たり前だったこともあり、商品の値段を上げることにも多くの日本企業が躊躇してきたが、これは取引先というステークホルダーとの関係が重視され、利益が彼らに回ることを意味する。また、売上が伸びない経営環境が続き、いざという時の融資への備えなどから、銀行など金融機関というステークホルダーも重要になっていた。

さらに、利益拡大を通じて株価を上昇させ配当を増やし、別のステークホルダーである株主への還元も重視されていた。だから、「決算上利益が増える」かどうかで投資判断を下す株主である投資家は、相対的に恩恵を受けてきた。

しかし、繰り返しになるが、企業の利益だけが増えても、ＧＤＰの多くを占める個人消費の源泉である家計所得が増えなければ、所得分配の観点からバランスが悪く、それゆえ景気回復の持続性が伴わない。「家計の消費増加↓企業売上増加」の経済拡大の好循環の経路が太くなれば、国内経済での自律的な景気回復の足腰は強まる。これが実現しなければ、企業利益は、海外経済や為替変動に依存するので、外的要因にきわめて脆《ぜい》弱《じゃく》になってしまう。日本経済全体の持続的で健全な成長、日経平均株価の持続的な上昇のためには、企業の利益が家計にバランスよく配分されるほうが望ましい。

経済成長は人口より労働生産性

企業利益が家計にバランスよく配分されるようになることで、２０１３年以降はある程度は実現しているが、労働者に職の機会が十分提供されるようになる。これは、長期的な経済成長の観点から望ましい。なぜなら、長期的な経済成長率や国民の豊かさを規定するのは、第三章でも述べたとおり、「人口」ではなく「労働生産性」だからだ。

経済のサービス化が進む中で、今後の成長セクターになるだろう「多様なサービス業」の付加価値は、個々の従業員の能力・創意工夫・ノウハウの蓄積などで生み出される。この土台になるのは、特に吸収力と「伸びしろ」がある若年世代に対して、「幅広く」「多様な」「十二分に魅力的」である職の機会が提供されることである。

これまでのデフレという「無理ゲー」の世界では、目先の利益を高めることに執着せざるをえなかった企業経営者は多かっただろう。そして、ステークホルダーの一部である、取引先、銀行、株主などへの利益配分が優先されていた。しかし、脱デフレと経済正常化が長期化すれば、望ましい配分比率が自然に変わってくるので、経営者は若年層を中心に従業員というステークホルダーに対する配慮を強めざるをえなくなるだろう。

このような企業経営者のマインドセットの変化が、２０２０年以降の日本経済の成長基盤になる。脱デフレとともに「人手不足という正常な状況」を保つことが、長期的な経済成長の底上げを実現する第一歩になるわけだ。

就職氷河期は二度と来ない

そうなると、我々日本人の生活はどのように変わるのか？　第二章では、デフレが始まった１９９０年代半ばから、日本の経済的豊かさを示す一人当たりＧＤＰが他の先進国との対比で伸びていないことを紹介した。２０１６年のランキングは、23ヵ国中15位だ。かつて「最も豊かな国」に位置づけられていた我が国は普通の先進国となり、台湾にも追い越され、韓国に追いつかれつつある。

今後、デフレ克服に成功する過程で、企業経営者のマインドセットや利益配分が変わればどうなるか。家計所得を含めGDP成長率が安定して高まることになる。この結果、日本の一人当たりGDPは、少なくともこれまで順調に伸びてきた米国などと同様に、再び伸び始めるだろう。そして、「失われた20年」と異なり、多くの日本人が生活の豊かさを高めることを実感できる世界に変わる。

第一章の近未来小説で描かれていた、日本人亮太と中国人劉のビジネスマンとしての「格差」は、かなり小さくなる。デフレとともに恒常化していた学生が就職難に直面する「就職氷河期」も二度と到来しない。経済的な豊かさを高める希望が持てるのであれば、美咲のように日本を捨てることを選ぶ才女は多数派ではなくなるだろう。

安倍政権になってから、「働き方改革」の必要性が広く議論されるようになっている。私自身は、働き方改革としてあげられる政策について、すべてが正しいとは考えていない。ただ、少なくとも、第四章で述べたような「若者への経済的虐待」であるデフレ社会が、2013年から生まれ変わった日本銀行によって克服されつつある中で、すでに多くの若者が希望をもって働くことができる「まともな社会」に変わりつつあるように感じている。その意味で、「働き方改革」は自然に実現していくと楽観的に考えている。

転職リスクが大きいデフレ時代とは異なり、一つの会社に縛られる生き方に必要以上にこだわらなければ、ブラック企業にたまたま入社した新入社員が自殺に追い込まれることはなくなるだろう。経済状況が変われば、資本主義経済のメカニズムを通じて、若者を大事にしない企業は自然に淘汰されるだけである。１９９０年代以前までのように、チャレンジ精神を持って起業を目指す若者が増え、若者が転職によって満足できる職の機会を探すことは、これまで以上に当たり前のことになる。行き過ぎた「若者の草食化」も止まり、肉食女子だけではなく、肉食男子と呼ばれる若者が増えていくかもしれない。

真の「働き方改革」

恩恵を受けるのはもちろん若者だけではない。デフレマインドが染みついた経営者が少なくなり、職場環境全般がよくなれば中高年サラリーマンの待遇もよくなる。少ないポジションをめぐり同僚を蹴落とすのは賢い生き方ではなくなるだろう。成長する企業では、能力がある中高年サラリーマンが活躍できるポジションも増えるためだ。これまでは難しいとされていた、40～50歳代での転職も当たり前のことになるだろう。

健康寿命が延び続け、働く能力や気概を持つ高齢者は今後も増え続ける。そうした中で、高齢労働者の能力を引き出し、ビジネス領域を広げることにチャレンジする日本企業も増えてくるだろう。数年前と比べてブラック企業は目立たなくなっているが、「人を使い捨てにする」ことでしか成り立たないビジネスを生業とする企業の淘汰が続き、そしてインフレマインドを持つまともな経営者が増えることで、「まともな活気がある職場」が増える。

このように、「働き方改革」とは、市場経済のメカニズムを使い経済成長を実現することによって、はじめて可能になることなのである。人的資源が稀少になることで、多様になる一方の人々のライフスタイルに応じて、企業経営者が知恵を働かせ、人事制度を柔軟に改善し続けなければならなくなる。

たとえば、1990年代以降、働く女性は増え続けているが、優秀な女性を戦力として確保するには、子育てをしても不利にならないキャリアパスが必要になる。日本の貧困世帯にはシングルマザーが多く含まれるが、彼女らが一人で子育てしながら働いて生活できる機会も増えていくだろう。最近ようやく日本でも認知が広がりつつあるＬＧＢＴなどのマイノリティを含めて、働く能力に応じた多様な職場を用意することが、企業経営者にとって合理的な戦略になるのだ。

こうした「働き方改革」は、政府のかけ声、労働法制の改正、公的サービスの提供だけでは、日本ではとうてい実現しない。人的資源を有効利用しなければ他社に負けるという経済環境が長期化することで、企業経営者が自らのインセンティブによって、はじめて実現するのである。

一人当たりＧＤＰ世界一の条件

１９９０年代前半までのように、日本が再び「最も豊かな国」に君臨できるかは、他国の政治経済状況による部分が大きい。

先に紹介した一人当たりＧＤＰのランキングで、米国は２０１６年時点で５位だ。米国の中央銀行であるＦＲＢ（連邦準備制度理事会）によるこれまでの金融緩和政策の成功で、２００８年のリーマンショックの大きな痛手から一足早く経済正常化を実現した。

ただ、2017年に誕生したトランプ政権が当初掲げていた、3%成長を目指すために必要な拡張的な財政政策が実現する可能性は、年初からかなり低下している。ロシアゲート・スキャンダルなどで、トランプ政権の政治基盤が揺らいでいることが一因である。

このまま成長押し上げ政策が実現せず、反対に既得権益者を守るために保護主義的な政策が強化され、あるいはFRBの金融政策に対する政治の介入を強めるなど妥当ではない政策が実現すれば、米国経済が長期的に停滞するリスクシナリオが想定できる。これは、かつての日本とはタイプは違う経済失政だが、そうなると正しい経済政策によって復活する日本の一人当たりGDPが、2020年代に米国を追い抜くかもしれない。ただし、世界経済のエンジンである米国経済が経済失政で停滞すれば、それによって相対的な日本の順位を上げたとしても、日本人の経済的な豊かさを低下させる要因になる。

欧州の中では、ノルウェー（2位）、スイス（3位）、オランダ（6位）、スウェーデン（7位）、ドイツ（9位）が、日本よりも上位にある。

ドイツなどユーロ圏については、2017年時点で日本と同様に、金融緩和政策によるインフレ率正常化の途上にある。2018年からECB（欧州中央銀行）は量的金融緩和の縮小を始める見通しだが、ユーロという共通通貨制度は、すべての国に対して適切な金融政策を徹底することが難しい。財政政策についても、景気がよいリーダー国であるドイツの意向で制約を受け続ける。ユーロシステムに懐疑的な極右政党が台頭するリスクを含めて、必要な金融財政政策が実現しない、これまでの日本と同じタイプの経済失政が起こりうる。ユーロ圏に住む人には不幸な展開ではあるが、ドイツやオランダと比べて、将来日本人の相対的な豊かさが上回ることは十分想定できる。

2位のノルウェーなどは自国で金融財政政策が発動できるため、ユーロ圏よりは経済失政のリスクは限定的だ。しかし経済規模が小さく、資源価格の変動によって経済状況が大きく動く脆弱性がある。

シンガポールと同じ豊かさに

ランキング1位のシンガポール、4位の香港は、それぞれ金融都市として特化している国であり、日米などの国と単純比較することが、そもそも適切ではない。むしろ東京やニューヨークなど金融都市同士で比較するのが妥当だろう。今後のこれら両国については、アジアの金融・流通都市としての性格が強く、中国の政治経済状況によって長期的な経済パフォーマンスが変わる可能性がある。現在の香港の政治経済制度が維持されることを前提にしても、中国が金融自由化を進めれば上海が国際金融都市として勃興する可能性がある。そうなるとシンガポールと香港から、金融都市としての役割が奪われるかもしれない。

以上を踏まえると、日本人が再び「最も豊かな国」になれるかどうかは、自国の経済政策運営だけからはわからない。しかし、経済成長を重視する妥当な政策が続き、「失われた20年」を取り戻す過程で、日本人は再び豊かになり、人間らしい生活を幅広く享受できるようになる。現時点で「最も豊か」であるシンガポール・香港などの金融都市と同水準の豊かさを、日本全体で実現する高い理想を掲げ、今後も成長重視の経済政策を徹底することが必要である。この重要性を十分理解している政治家がもっと増えることを、投資家の立場で、そして一人の日本人として私は切に願っている。

第六章　本当は国の借金はゼロ

国債バブル崩壊のウソ

日本の経済メディアでは、金融緩和・財政政策拡大をやり過ぎると問題・弊害が起こるという論者のコメントが多く聞かれる。2013年からの日本銀行の金融緩和政策の主たる手段は国債購入を大きく増やしたことだが、日銀が国債購入を増やすことで、満期が長い長期金利を含めて金利水準を押し下げ、住宅ローンや銀行貸出金利が低下するなどの経路で金融緩和効果が発揮される。

実際のところ2008年のリーマンショック直後に、FRBは国債などの大量購入に果敢に踏み切り、それが一足早い経済の正常化を後押しした。第2次安倍政権誕生後の総裁・副総裁人事刷新を経て、日銀はFRBに4年遅れる格好で大規模にバランスシート（貸借対照表）を拡大させる政策に転じたのが、日本で量的金融緩和政策が始まった経緯だ。

こうした経緯を経済メディアなどは正しく伝えず、日銀は「危険な金融緩和」を続けているなどと言われている。実際には、最も金融緩和に慎重とされた欧州中央銀行も含めて、ほとんどの先進国の中央銀行は大規模な資産購入拡大を行っており、日銀もそのひとつに過ぎないというのが投資家の立場での私の見方である。雇用を生み出し国民生活を豊かにするために、米国などで実現している金融緩和政策が、日本でも２０１３年になって遅ればせながら実現しただけである。

一方、日銀の金融緩和政策、アベノミクス第二の矢とされた拡張的な財政政策は、国の債務を大きく増やす可能性がある（実際には２０１３年以降国債発行はほとんど増えていない）。そのことをとらえて、日本の財政状況は深刻であり、膨れ上がった国債残高は持続不可能で、国債が暴落しても不思議ではないなどと言われている。

ただ、そうした議論のほとんどは、国債などへの投資を行っている投資家の視点でみれば的外れなものばかりである。日本の財政状況が深刻（定義があいまいなのだが）だから、国債市場は暴落するというシナリオは、私が金融業界で駆け出しだった20年以上前からずっと言われている。しかし、それはほとんど現実に起きていないので、いわゆる「狼少年」という扱いである。

投資家の世界でも、日本国債暴落に賭けた人も、ほんの一部いたようだが、この投資は成功するはずもなく、市場から退出を余儀なくされてきた。それが現実だから、こうしたプロの投資家の世界に身をおいている私も、日本国債暴落というシナリオについて真剣に議論されているのをまったく聞いたことがない。

一方、金利水準がほぼゼロ（あるいはマイナス）まで低下しているので、国債価格がほぼ天井まで上昇しているのは確かである。その価格上昇を引き起こしたのは、大量の国債購入を始めた日銀の金融緩和政策である。しかし国債価格が「上がり過ぎた」とは言えない。というのも、日銀が脱デフレと雇用創出の後押しのために行った金融緩和政策の帰結だからだ。言い換えると、経済を正常化させるために、国債金利はゼロあるいはマイナスまで低下する必要があったということである。

このため、やや長い目でみれば、今後インフレ率が高まり金利水準が上昇するのだから、これまで上昇してきた国債価格が下落する（＝金利が上昇する）のは必然である。ただ、株式市場などで典型的に起こる、「上がり過ぎた価格が暴落する」というバブル崩壊が日本の国債市場で起こるというのは、金融市場の実態を知らない単純過ぎる思考でしかない。

実際には、今後インフレ率が上昇する過程で持続的に国債価格は低下するだろうが、それは2％インフレという世界標準の経済状況に正常化する過程で起こることに過ぎない。経済全体でみれば、過去20年以上下がり続けてきた日本人の労働の対価である賃金が上昇する。それと同時に、これまで上昇してきた国債価格が値下がりする。つまり、国債価格の下落によって、同時に日本人は豊かさを取り戻すのだ。

借金が増えるのが怖い？

「借金が増え続けている」というフレーズを聞くと不安に思う一般の人々が多いのは仕方ないだろう。たとえば年収500万円の人が、1000万円の借金を抱えることになれば、その負担が大きいのは確かだ。経済メディアなどでは、日本は国民一人当たりの借金が数百万円に達するなどと頻繁に伝えられている。

しかし、メディアで言われる「日本の借金」とは、個々の家計が抱える借金とはかなり異なるのが実情である。国民一人当たり数百万円の借金があるという言い方は、機械的に計算するとそういう数字が出てくるだけに過ぎない。これは、日本の財政状況の危機が深刻であることを政治的にアピールする方便のひとつだと私は常々考えている。

この事実を理解するには、政府・企業・家計という主体別にバランスシートを分けて考えたうえで、俗に言う「日本の借金」は、実は政府の負債であり、家計や企業から政府が借金しているという貸借関係を頭に入れる必要がある。そうすると、「日本の財政状況は、家計が大規模な借金を抱えている状況」というイメージと実情がまったく異なることが理解できるはずだ。

図表7では、上から日本の政府、金融機関、家計・企業の3つの主体の2017年3月末時点のバランスシートを図示している。部門別に、上側が資産、下側が負債として表記され、それぞれの資産と負債の状況が示されている。

たとえば、政府をみると、借金である国債などが2017年3月末時点で1052兆円の負債（下側）として計上されているのがわかるだろう。そして、政府よりも大きなバランスシートを持つ金融機関と家計・企業によって、1052兆円の国債（政府負債）の多くが資産として保有されていることが示されている。つまり、政府は借金しているが、一方で日本人が「国債という資産」を保有していることになる。

国債は借金ではなく金融資産

詳しく説明すると、実際に国債を大量に直接購入しているのは銀行、生命保険会社などの金融機関（図表7の真ん中）であり、約1000兆円の国債などを金融機関が資産側に保有している。一方、家計・企業が国債を資産として保有している分は限られる。な

[図表7] 政府、金融機関、家計・企業のバランスシート
（2017年3月末）

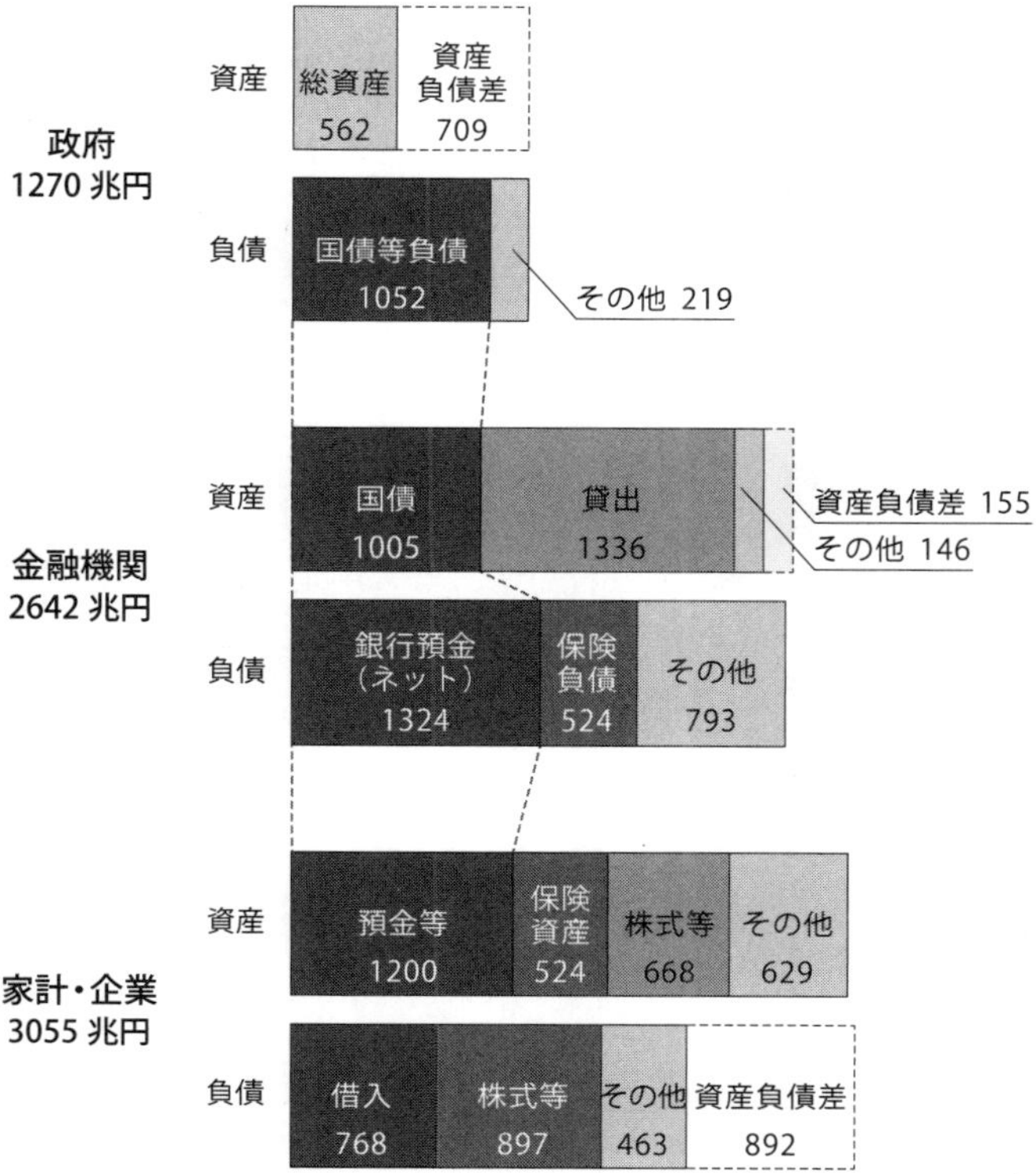

出所：日本銀行。金融機関には日本銀行が含まれており、銀行預金については金融機関間の銀行預金を相殺したネットベース。
また、対外証券、株式、デリバティブなどの項目を除いて表示

ぜ銀行や生命保険会社が国債を大量に保有するかを理解する前提として、金融機関と家計・企業のバランスシートの関係（図表7の真ん中と下側）を把握する必要がある。具体的には、金融資産を蓄積している家計・企業の預金（1200兆円）や保険料（524兆円、将来の保険支払いに充当する）が、金融機関にとっての負債に相当するが、その見合いで金融機関は何らかの金融資産を保有しなければならない。その投資先が、1000兆円規模の安全資産である国債になっているということだ。

以上の国債をめぐるバランスシートが示す貸借関係をみれば、家計・企業の預金（1200兆円）を原資にして、金融機関を通じて、政府の負債である国債のほとんどが国民によって金融資産として保有されていることがわかるだろう。要するに、政府は1000兆円を家計や企業などの国民から借りているのだ。

この構図を理解すれば、日本人全体でみれば、たとえば500万円の収入の家計が、収入の2倍の規模（1000万円）のローンを抱えているというイメージと現実がまったく異なることがわかるだろう。そのイメージは、バランスシートの一面にフォーカスしているに過ぎない。バランスシートの別の部分をみれば、家計・企業の収入は500万円あり、それと同時に安全資産である1000万円の金融資産を保有していると言う

[図表8] 国債残高と家計・企業の現預金残高

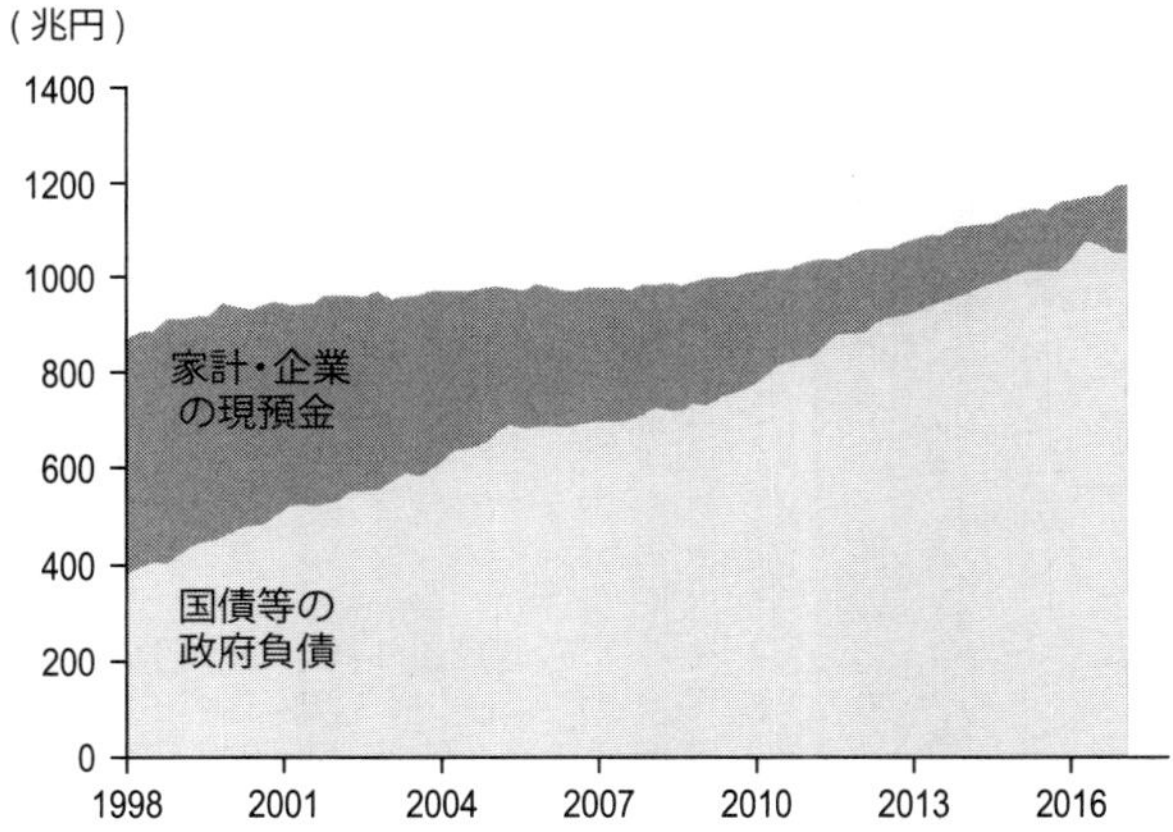

出所：日本銀行

こともできる。

政府の借金は「デフレのつけ」

図表8をみていただこう。政府の国債残高が増え続けると同時に、家計・企業の現預金という金融資産は年々増え続けている。2017年3月時点で家計・企業は1200兆円の預金などの資産を保有しているが、それらの家計・企業の現預金を原資に金融機関が1000兆円規模の国債を保有し続ける構図は、かなり安定的な保有構造であることが理解できるだろう。日本国全体でみれば、国債発行で政府の負債が増え続

ける と同時に、家計・企業の金融資産も増えることで、国民全体の金融資産（負債）規模も増え続けているのである。

一方、政府の財政赤字が続き、国債などの公的債務が増え過ぎることは、将来世代の負担を高めるという議論がある。実際には、先に述べたように、公的部門の債務が国内で金融資産として保有されている状況はかなり安定的である。ただ、景気が十分回復した後に財政収支が赤字である状況を永続させるのは、理論的には不可能だ。このため、現在の政府の借金は将来世代への増税などでいずれ賄われるというのは、理論的には正しい。しかし、この「いずれ」というのが、この議論の最もあいまいな点であり、また政治的に利用されることになっているので以下で説明したい。

まず、これまで日本で財政赤字や政府債務が増えたので、できるだけ早期の増税でカバーされる必要があるという議論は必ずしも妥当ではない。というのも、これまでの国債などの公的債務拡大の主たる要因は、過去20年以上にわたりデフレと低成長によって、税収がまったく増えなかったことでかなりの部分が説明できるからだ（詳しくは、小生が執筆を担当した『アベノミクスは進化する』２０１６年、中央経済社の第6章「金融緩和政策が財政赤字を招くのか」を参照）。財政関連のデータを自分でみない論者は、少子高齢化による社会保障支出拡大が財政赤字の主犯であるなどと主張しているが、1990年代後半から増え続けた国債などの政府債務は、異常なデフレ経済が放置された「デフレのつけ」である。

現役世代は十分に負担している

実際に、金融緩和が強化された2000年代半ばに財政赤字は大きく縮小し、アベノミクスが始まった2013年からも金融緩和でデフレが和らぐと、税収が大きく伸びて財政赤字は大きく縮小している。名目GDPが持続的に増える経済正常化を徹底することで、日本の財政赤字の多くの部分は解消されるのである。

このため、財政健全化を本当に実現したいのであれば、早期にデフレから抜け出し、脱デフレを逆噴射させる増税という緊縮的な財政政策を控えることが妥当な政策になる。安倍政権は2014年4月に消費増税という判断ミスを犯してしまい、増税で一旦は増えた税収は、消費増税の悪影響に加えて日銀の金融政策が2016年2月に突然マイナス金利政策を導入して半年程度迷走したことによる円高で、2016年に再び減少した。

過去20年のデフレによって失われた税収を、短期間ですべて取り戻すのは難しいが、まずは脱デフレにより税収が持続的に増える経済状況を保つことが、財政赤字を減らす最も確実な手段であることは明らかである。つまり、金融政策・財政政策をフル回転させて経済をいち早く正常化させることが必要なのだ。

経済正常化実現が最優先と考える私は、２０１０年以降一貫してデフレ脱却の途上における増税政策に慎重な立場を示してきたが、それに対して現役世代から将来世代に負担を押し付ける無責任な態度であるという批判をよく頂戴する。しかし、私に言わせれば、過去20年間異常なデフレを放置して労働市場の氷河期が続いたため、満足な職を得られず、所得を高めることができなかった多くの現役世代は、すでにひどい経済的負担を強いられてきた点を、そうした批判は忘れている。

本当に将来世代が心配であれば、現役世代への負担を高める増税ではなく、「デフレ既得権益」として金融資産を蓄積してきた高齢世代に「デフレのつけ」を負担させるのが最もリーズナブルだろう。その意味でも、適度にインフレ率を高めることは、将来世代に負担を残さない最も有効な手段になる。

国債返済は超ゆっくりと

１９９０年代半ばから日本は名目ＧＤＰがまったく増えない状況だったが、２０１３年から20年ぶりに上向きに転じ、その結果税収が本格的に増えるフェーズに入った。消費増税の８兆円規模の上乗せが重なり、２０１５年時点で政府の税収はすでにバブル時の最高水準を一足早く上回っている。そして、国債のＧＤＰ比率上昇は２０１６年以降、すでにほぼ止まっている。

そもそも、政府部門の借金を短期間で減らす必要があるという考えは、経済理論的に妥当とは言えない。実際には、２０１４年４月の消費増税で景気回復が止まったことを踏まえれば、政府債務をできるだけ早く減らす必要があるという誤った認識が、増税という判断ミスを引き起こした。そうではなく、経済正常化して景気が過熱した段階で、増税によって国債を減らすことが妥当で堅実なステップであり、２０１４年のように中途半端な経済状況で増税をすると景気が落ち込み、かえって財政赤字縮小が遅れた。

これは日本だけの話ではない。２０１０年に英国では付加価値税増税が行われたが、財政赤字縮小は当初の想定より大きく遅れた。なお、その後、増税を掲げて政権についたキャメロン首相は、２０１６年に「ＥＵ離脱の国民投票」という賭けに失敗して政権を失った。経済オンチ政権が国民から見放されるのは、日本も英国も同様である。

国債のほとんどが金融資産として国民（家計・企業）に保有されているので、国債残高の調整については、ゆっくりと時間をかけて行うことができる。今後２％のインフレという正常な経済状況を長期間保つことに成功すれば、インフレによって国債価値が自然に目減りするメカニズムが働く。厳しい増税など緊縮財政政策を行わなくても、積みあがった国債残高を安定させることがより容易になる。

家計が抱える借金には厳格な返済期限が決まっているのに対して、政府の借金である国債がそれとはまるで異なる性質を持つことを、多くの経済メディアは忘れていると私は常々考えている。どういうことかと言えば、日本政府が突然機能停止に陥ることがなければ、政府は国債を永続的に発行し続けることが可能なのだ。

実際に、日本国債は通常60年かけてゆっくり償還（返済）するルールがあるが、これに何らかの経済的な根拠があるわけではない。日本国政府が永続するという前提に立てば、返済ルールを柔軟に運用し、労働市場が十分回復するまで国民生活を守るために、国債を増やし財政赤字を拡大させることが可能である。完全雇用となり経済成長の天井に達して以降に財政赤字を拡大すればインフレになるだけだが、不完全雇用のもとでは財政赤字を拡大させることで成長率と税収の双方を押し上げることができる。つまり、国債を増やす、あるいは減らすという政府の政策は、経済状況に応じて、何世代にもわたるひじょうに長いタイムスパンで運営することが可能なのだ。一度決まった返済計画を変更することが難しい個々の家計が抱える借金と政府の借金は、まったく性質が異なることが理解できるだろう。

仮に、国債残高が発散的に増え続ければ何が起こるかといえば、最終的に大幅なインフレ上昇で債務負担を減らす強制措置がとられる。日本の戦後の預金封鎖がその例だが、膨張した政府債務は、大幅なインフレによる事実上の借金棒引きによって調整される。ただ、日本経済の現状は、国力の限界を超えた戦争を戦った終戦後の日本と比べれば格段に健全であり、同様の状況に達するまでに時間の余裕はかなりある。２０１０年代は脱デフレと経済正常化を徹底するのが望ましいというのが私の認識である。

財政出動はもっと増やせる

もうひとつ、日本の財政・国債問題を正確に理解するために忘れてはいけない事実がある。日本国債はほぼ90％が日本の家計・企業・金融機関によって保有されている。つまり10％前後が海外の投資家などによって保有されていることを意味する。このような構造になっている根本的な要因は、海外との関係でみると日本は世界で最も多くの国に金融・実物資産（対外資産）を保有する国であることと関係がある。主要国の対外純資産（２０１５年）の金額を比較すると、日本は＋３３９兆円で、ドイツ（＋１９５兆円）、中国（＋１９２兆円）の２番手グループを引き離して世界一の規模となっている。

貿易活動などを通じた海外との収支バランスである経常収支は、１９８０年代からほぼ30年経常黒字の状況が続いている。この累積された経常黒字をもとに、大規模な資産を日本の家計・企業・金融機関は海外に保有している。具体的には、米欧国債や株式などの金融資産、また企業が現地に進出する投資活動によって作られた現地工場などの実物資産もある。このことは、日本全体でみれば大きく積みあがっている資産の原資があるのだが、国内の金融資産や投資先だけでは足りないので、海外への投資によって資産を保有していると言い換えられる。こうした対外資産の規模は世界一であるという意味で、日本は、一般に言われる借金に困っているのとは正反対の「お金持ち」の国なのである。

世界一の対外資産保有という余裕があることと、日本政府が発行する国債の90％は日本人が保有していることの密接な関係とは、金融資産があまっている日本では、ある金融資産が割安になれば、国内の投資家がいくらでも買い入れる余地があるということだ。先ほど、日本国債暴落シナリオが「狼少年」でしかないと説明したが、日本で金利が大きく上昇すれば、ありあまる原資を持つ国内投資家が国債投資を大きく増やす買い手になることが理解できるだろう。

これは、米国や南欧諸国などのように経常赤字が長期化しており、対外負債を大規模に抱える国とはまったく事情が異なる点だ。米国などでは、国債などの多くが外国の投資家に購入される必要があるが、日本はそうした状況とは正反対である。この事実は、金融財政政策を当局が運営する観点で言えば、日本は自国経済を安定的に成長させ国民の生活水準を高めるために、金融財政政策を大胆に、かつ制約なく行えることを意味する。たとえば、南欧諸国や多くの新興国のように、国債の多くが為替リスクに敏感な外国人投資家に保有されていると、財政政策が大きく制約を受けることになる。具体的には、一部の外国人投資家が仮にその国の財政収支に懸念を持つと、国債売り・通貨売りなどの投機的な値動きを引き起こし、通貨危機などが起きて金融システムが揺らぎかねないためだ。

「世界一のお金持ち」である日本の場合は、財政政策がそうした制約にさらされることはほとんどありえない。日本は、世界一の対外資産を保有しており、かつ世界のGDPの5％程度の小さくない規模（＝世界の経済・金融市場に影響を及ぼすことができる）をもつ、ひじょうに恵まれた状況にある。つまり国際的にみれば、日本は他国と比べて財政出動を拡大させる余地がある。日本国内では財政支出拡大は懸念されるばかりだが、そうした論調は我々グローバル投資家からみれば奇妙でしかない。

妥当でなかった財政の使い道

ただし、世界一の資産保有国であることは、実はデフレが長期化して、国内で投資や消費が長期間停滞していたことの裏返しでもあると言えることも理解する必要がある。言い換えれば、家計・企業が過剰な貯蓄をため込んでいるのであり、デフレと低成長が続いたコストを払い、世界一の対外資産保有国になったということだ。

デフレ期待が強まり、民間が消費や投資を控えて貯蓄を積み上げたのは合理的な行動だが、過剰な貯蓄が行われたことは、「お金の使い方」が妥当ではなかったことを意味する。そして、お金の使い方を最も間違ってきたのは、デフレという異常事態克服に必要な成長刺激政策を講じるために「必要なお金」を有効利用しなかった、中央銀行とこれまでの政府である。

その結果、高齢者や企業が保有している金融資産は積み上がった一方で、同時に国民の生活水準は低下し、若者を中心にどんどん貧しくなっていった。一見豊かにみえる日本経済のパラドックスは、デフレが長期化したが故に深刻化してしまった。次章で取り上げる「日本型の経済格差」がデフレによって広がってきた経緯は、このように説明できるのである。

第七章　経済格差を許容する中高年世代の自己満足感

デフレで広がる世代間経済格差

１９９０年代半ば以降にデフレとなってから、低所得層の貧困の問題がクローズアップされてきたことを第四章で述べた。高齢化の進展で貧しい高齢者が増えたことに加えて、１９９０年代から就職氷河期が恒常化して所得水準を高める機会を逸した若年世代が増えた。低所得世帯の収入が低下し、デフレが進む中で労働者の非正規化が加速し、低所得世帯の絶対数が増えることで経済格差が拡大していったのである。

一般的には資本主義経済での競争の激化によって勝者と敗者の差が広がり、貧困が生まれ、経済格差が広がる状況を想像される人が多いだろう。米国ではそうした側面が色濃いが、日本はそうとは言えない。むしろ、デフレで人の価値が恒常的に低下することによって、日本型の経済格差拡大が起きてきた。それは、資本主義の本来の役割である低所得者を含めた経済全体の富を高めるメカニズムが、デフレ容認という政策当局の不作為によって機能不全に陥り、それが経済格差を拡大させてきたことを意味する。

さらに、デフレは低所得者を増やすことで経済格差を広げるが、同時に「世代間の経済格差」を拡大させる側面もある。デフレと高失業によって現役世代が「経済的な虐待」を受けていることを第四章で指摘した。一方、高齢者の中でも金融資産を蓄積してきた人々、失職のリスクがほとんどない公務員などは、デフレによって相対的ではあるが豊かさを高めることができる。そうした人たちが自らの経済状況だけを主観的にみれば、「日本経済は十分豊かになった」との考えに至りやすい。もちろん、日本経済は40年前に比べれば相当豊かになったことは間違いないから、経済的に成功した高齢者がそう考えるのは当然だろう。

ただ、実際には、デフレが始まった1990年代以降、日本人の豊かさは他の先進国と比べて低下していたのだから、日本人が経済的に十分豊かになったと考えるのは幻想に過ぎない。日本の高齢者はデフレの被害を相対的には受けていないために、それがなかなか実感できないのだろう。

日本において長年デフレの害悪が軽んじられてきた原因は、後者の「デフレ既得権益者」とも呼べる人たちが世論に影響して、デフレと停滞を望む声を上げていたことが影響していると私は考えている。実際に、デフレの恩恵を受けて、デフレが望ましいと思う人の多くは、2013年以降に日本銀行が金融政策を転換した成果を評価していない。十分な金融資産を蓄積し、あるいはこれまで高い地位を築き上げた人にとっては、デフレと低成長でリスクをとる挑戦者がなかなか報われない「温《ぬる》い状況」がむしろ理想なのかもしれない。インフレの到来という経済の正常化を快く思わないのは、現状のステータスや既得権益を保ちたい中高年世代の自己満足感が影響しているのではないか。

既得権益を持つメディアに登場するコメンテーターなどは、過去20年の経済停滞を楽しむ余裕がある。だが、デフレが続くことは、これまで述べたように、経済的な豊かさを実感できない多くの人々は報われず、閉塞感に苦しむことを意味する。経済停滞を容認したり清貧を理想としたりする議論が日本のメディアで目立つが、これらの多くは現実をみない空虚な議論であるようにしか私には思えない。

GDPは時代遅れのウソ?

日本経済は成熟化していると言われて久しい。日本は戦後の1960年代の高度成長期を経て経済大国の仲間入りを果たした経済先進国だ。所得水準が低い中国などの新興国とは異なる位置づけにあり、日本がその意味で成熟しているのはそのとおりである。

しかし過去20年の日本経済停滞を受けて、「日本は成熟化したから成長できない国になった」とする理屈に私は同意しない。デフレを許容する失政がなければ、他の先進国と同程度の経済成長は十分可能だっただろう。その意味で、経済成長しなくて当然であるという意味での成熟論は妥当ではないと考える。

この「成熟論」を支持するマインドは、経済成長は時代遅れであるという思い込みの影響があるだろう。GDPなどの経済成長にこだわるのはナンセンスであるというのは、一見「今の時代」にふさわしい考えのようにみえる。たしかに、30年前に比べて、世の中に家電などのモノが十分いきわたったのは事実であり、欲しいモノが少なくなったのは事実であろう。GDP＝モノの大量生産、との図式で考えている人は、GDPは時代遅れだという言葉に、ついうなずいてしまうのかもしれない。

しかし、GDPすなわち経済成長が時代遅れだというのは、誤解であり害悪が大きい考え方である。まず、第三章でも述べたように、経済のサービス化が進んでいるのだから、GDPがモノの量や生産を意味しているわけではないことは明らかだ。我々の消費活動の半分以上はサービスなのだから、GDPで計測される経済的な付加価値は、生産されたモノの量で計ることができない。「もう欲しいモノがない」のだから経済成長は必要ないと考える人は、GDPの一部しかみえていない。さらに、GDPとは、モノの数というよりも、モノが提供する利便性などの価値、または人が提供主体となるサービスなどクオリティ（品質）の高さを示す指標になっているのだ。

たとえば、オークションに頼らず高価なエンゲージリングを購入する、高価な外食に行く、あるいは立派なホテルに泊まるなどにより、人々の満足度は高まる。これら経済活動を通じて生活の質は高まるのであり、それによってＧＤＰは増える。ＧＤＰが増えればその分、サラリーマンの所得も同時に増える、つまり生活水準が高まる。「ＧＤＰは時代遅れ」と言うのは、端的に言えば「日本人はもっと貧乏になればいい」と言っているのに等しい。

ＧＤＰが増えれば生産性も上がる

ＧＤＰが増えないと、すべての経済活動が停滞することを多くの人が理解していない。たとえば、労働生産性が低いことは、ＧＤＰが低いこととほぼ同義である。一国経済全体の労働生産性＝ＧＤＰ／労働投入量と算出されるのだから、分子のＧＤＰが低ければ、一国経済全体の労働生産性が低くなるのは当然である。過去20年以上デフレとなってから日本の実質ＧＤＰ成長率は平均約１％で、他の先進国（ギリシャとイタリアを除く）と比べて低い成長率だったというだけだ。

したがって、一部の論者が欧米との対比での日本の労働生産性が低いなどと述べているが、彼らは単にGDP成長率が低いということを、労働生産性という言葉で言い換えているだけに過ぎない。なぜGDP成長率が低いのかについては、「日本システムの構造問題」など怪しげな議論が横行している。実際には、「デフレと低成長という異常な状況を長年放置してきた経済政策の失敗」の帰結が、私が考える数少ない確かな答えである。

つまり、デフレから脱却することで経済成長率が再び伸びれば、GDPが増えると同時に労働生産性も自然に高まることになるだろう。2016年から安倍政権が力を入れている「働き方改革」には望ましいメニューもあるが、マクロ安定政策で経済を正常化させることなしには、経済全体の労働生産性を底上げすることは不可能である。

もっと言えば、GDP不要論、つまり低い経済成長でも問題がないというのは、思考停止に陥った経済メディアや一部論者の勘違いである。実際には、低成長やデフレで苦しむのは、満足な職につくことができない多くの普通の人である。「日本人らしい」清貧な生き方を理想とするのは個人の自由であり、それは問題ない。しかし実際には、成長がない経済状況で豊かさを感じながら生活を充実させることができるのは、メディアなどの既得権益や、金融資産を蓄積して不自由なく老後を楽しんでいる人などに限られる。

清貧を押しつけるな

「清貧」という言葉が示すように、日本には昔から「質素な暮らし」を清らかとみなす道徳律があるのも事実かもしれない。昔話や古典落語などには、そうした逸話が多い。たとえば金沢という地名の由来には、そのような逸話が関係しているという。

金沢はもともと「尾山」という地名だった。尾山に住む藤五郎という無欲で収入を村人にどんどん分け与えてしまうような芋掘りが砂金を発見して大富豪になり、それでもそれを人に分け与えてしまい暮らしぶりは質素のままだった。その藤五郎が芋を洗って砂金を取りだした泉が金城霊澤《きんじょうれいたく》だったことが、金沢という地名の由来になっているという説である（山出保『金沢を歩く』2014年、岩波新書）。

由来については異なる説もあるようで、どれが本当なのかを判断する見識は私にはない。地名の由来とされるほど、金持ちでも質素な暮らしを貫いた人物が美談として伝わったのか、あるいは、もともと日本人は金儲けが好きだから滅多にない珍しい人として美談となったのかもしれない。

日本人の心の奥底に清貧を尊ぶ思想があるのは事実かもしれないが、金儲けが悪とする思想や道徳的な考えは、日本だけでみられるわけではない。昔から西欧社会でも金貸しを生業とする金融業への偏見が強く（金融業を営むユダヤ人への偏見が背景にあり、シェイクスピアの『ベニスの商人』が有名だ）、また、そもそも預金金利を認めていないイスラム教の教えなども世界にはある。

ただ、人類はそうした思想的な制約を乗り越えて、これまで経済成長を続けることで生活水準を高めてきた。仮に、日本人は金儲けが嫌いであり、金儲けを避けているならば、そもそも戦後先進国経済の仲間入りはできなかっただろう。そして、日本は経済成長があったからこそ健康で清潔で心地よい生活の土台がつくられた。経済成長の恩恵を受けていながら（鈍感で感じることができないのだろうが）、清貧を尊ぶ理想を強調するのは、バランスを欠いた見方であると私は考える。

メンツと事なかれ主義の当局

デフレが長期化した最大の要因は、経済全体を安定させる大きな手段と責任を持つ日本銀行、政府と霞が関による政策判断ミスにある。安倍政権はそうした認識をもっていたので、2013年から経済政策の転換が実現し、日本経済はデフレと長期停滞からようやく抜け出そうとしている。

デフレを伴う経済停滞は、若者など現役世代にとって経済虐待であり、それが社会全般の閉塞感や不公平感を高めた。他者に対して不寛容な態度を示す風潮が強まっているようにみえるのも、そうした社会の雰囲気の根幹には経済停滞がもたらす我々現役世代の行き場のない不満が影響しているためだろう。

戦前日本が悲惨な戦争を経験した要因はいくつかあるが、第一次世界大戦後の1929年の世界大恐慌によって、日本経済も農村地方などで経済不況に陥ったことが、多くの人の不満や閉塞感を高め、世界を相手に無謀な対外戦争に走る世論を後押ししたことは歴史の教訓になっている。当時ほどひどくはないが、1990年代半ば以降の経済政策運営がもたらした長期デフレが、人々の生活や考え方に大きく影響するのは自然である。

歴史の教訓や経済学の知見に基づいた妥当な経済政策が、なぜ1990年代以降実現しなかったのか。経済政策の不出来は、過去の内閣や中央銀行などの当局の責任に求められるわけだが、メディアやアカデミズムの世界でこの点が真剣に幅広く議論されたようにはみえない。私は、２０１３年以降の金融政策の転換をきっかけに日本のデフレが終わり、プラスインフレの世界が定着し、第一章の近未来小説のような悲惨な状況は訪れないと、期待を込めて予想している。そのうえで、これまでの日本のデフレ時代がどう検証されるのか、投資家の立場で私は大いに興味を持っている。

デフレという経済事象が深刻な問題であり、それを解決するために必要な政策が何であるかは、これまでの説明どおり、論理的に考えればかなりの程度明らかだ。にもかかわらず、デフレ脱却に必要な金融緩和政策の発動になぜ20年以上の歳月を要したのか、またデフレ脱却が実現せず不完全雇用なのに、なぜ緊縮的な財政政策が優先されたのか（本当に必要なのは拡張的な財政政策であった）、なぜ経済メディアでは現状の政策に追随し、「財政危機」などという本質的でない議論ばかりが報じられたのか。

経済政策に責任を持つ当局は、組織のメンツ維持にこだわり、先輩の失政を認められなかったのだろう。また自らが属する組織の権益拡大が最大のインセンティブだったのかもしれない。日銀については、１９７０年代のインフレ高進の失敗を恐れていたため、０％インフレを理想とする強固なイデオロギーを持っていたことが大きかったと私は考えている。また、個々人は、組織内での出世が合理的な行動になる官僚主義、事なかれ主義に終始していた。そのため、デフレという新たな時代に訪れた問題に対応できず、機能不全に陥ってしまったのではないか。

そして経済メディアは自らの取材先への配慮から、取材先である経済当局の代弁者となっていたのだろう。私は長年メディアの人々とつきあっているが、取材先である霞が関や日銀スタッフにすっかり洗脳されてしまっているかのような新聞記者が大多数である。

エスタブリッシュメントとされる日本人のこうした考えには、金融緩和政策、つまりマネーを刷るという政策が本質的な問題解決につながらないという思い込みもあっただろう。むしろ「行き過ぎた通貨高とデフレを放置しても、それは通貨価値が高まることだから、日本の国力の高さを意味する。通貨高にふさわしい力を持つべきだ」という本末転倒なシバキ主義を持っている政治家や経済官僚のほうがいまだに多い。

経済成長は不要ですか？

デフレに対する処方箋が整えられている経済学への無理解と非論理的な思考が、当局、政治家、メディアに蔓延する。グローバル投資家として経済・金融市場をみている私にとって、デフレとなった日本のこうした「ガラパゴスぶり」はとても異様である。実際に、２０１３年から景気回復が４年以上も続いた２０１７年時点でも、依然として日本のメディアで目立つのは、理論的、実証的ではない空虚な議論だ。

たとえば朝日新聞２０１７年1月４日付の記事で、原真人編集委員はこのように書いている。

「25年間の名目成長率はほぼゼロ。ならばもう一度右肩上がり経済を取り戻そう、と政府が財政出動を繰り返してきた結果が世界一の借金大国である」「ゼロ成長はそれほど『悪』なのか。失われた20年と言われたその間も、私たちの豊かさへの歩みが止まっていたわけではない」

これまでの私の議論やデータ分析を踏まえれば、原氏は経済事象やデータを「偏狭なスコープ」を通してしかみていないことが理解できるのではないか。こうした、情緒的なポエムを書いて満足するメディア・言論人は多々みられる。メディアだけではなく、私の身近である日本の金融市場の現場でも、定義不明の「構造改革」に幻想を抱くなど、日本の本当の問題であるデフレ克服からかけ離れた空虚な議論が、いまだに蔓延しているのが実情である。

それでも、大多数の日本人は「資本主義」の世界に生きている。経済取引とそれに付随するマネーにつねに向き合う必要がある。また、マネーによってデフレ・インフレが決まるのは経済の原理原則である。その資本主義とマネーの力をうまく利用して、1980年代まで日本人は豊かになってきたのは歴史の事実である。そうした現実を踏まえない経済成長不要論は、思考停止あるいは知的遊戯でしかない。

経済成長追求は非人間的？

「資本主義への反感」（反資本主義）を多くの日本人が抱き、知的遊戯に終始していると私は常々考えている。こうした考えは、「経済成長不要論」「GDPは時代遅れ」などにも大きく影響しているように思われる。

先ほどの朝日新聞の論説に続き、こうした論者の意見の例として、社会思想家の佐伯《さえき》啓思《けいし》氏の著書『経済成長主義への訣別』（2017年、新潮選書）を紹介する。タイトルから明らかだが、佐伯氏は経済成長を追求すべきでないとの「脱成長主義」を同書で論じている。

佐伯氏は「経済成長、グローバル競争、技術革新などを推し進めることによって、人間はいっそう幸せになれる、という思い込み」（同書P５）を問題にしている。しかし、日本の戦後の経済成長の恩恵で日本人の生活は格段に豊かになり、佐伯氏はこの時代を生きておられるが、それを感じることができなかったのかもしれない。同書によれば、佐伯氏は１９７０年代にローマクラブが『成長の限界』を出版して、当時も脱成長がブームになった時に大学院生として勉強し、そのブームに強く共鳴、当時流行した『スモール イズ ビューティフル』（F・アーンスト・シューマッハー）という著作に心を打たれ、「『人間らしい生き方』の追求」が大事との考えを抱かれている（同書P54〜55）。

佐伯氏が個人としてどのような思想信条を持つかは、言うまでもないが自由である。ただ、「経済成長によって人々が豊かな生活を送れるようになった」事実を正しく認識することを、独自の思想信条が邪魔しているようにみえる。「衣食足りて礼節を知る」のとおり、「生活が豊かになるからこそ心が豊かになり、それを保つことができる」のが真実ではないか。浮世離れしているとしか思えない思想信条が脈々と現在まで生き延び、デフレによる経済の低成長と貧困化が問題になる２０００年代に復活し、彼らの言動がメディアなどでもてはやされるようになったのだろう。

また、佐伯氏は「豊かになればなるほど、われわれはさらに忙しく働かなければならなくなっている」（同書P23）と述べている。豊かになるために忙しく働く人に嫌悪感を抱いておられるのだろうか。デフレが始まった1990年代半ばから、働きたくても働けない若者が増えたことを、どこまで視野に収めていたのだろうか。

さらに、「経済成長を求めれば求めるほど、経済成長は達成できなくなる」（同書P23）としている。もちろん、経済成長率をやみくもに高めることはできないが、創意工夫でブレークスルーを実現する企業家の努力が経済成長を底上げして、我々の生活を豊かにしてきたことを、受け入れることができないのだろうか。猛烈に働き成功した企業家は、日本人の生活を豊かにしてくれたのだから、私には感謝の言葉しか見当たらない。

このような言説には、「資本主義はいずれ崩壊する」という心性が、経済成長を嫌悪する独特の思想として影響しているように思われる。ただそれは幻想であろう。人間が豊かになりたいという本能を持つ限り、資本主義から反する行動は自己矛盾であり、とうてい持続可能ではない。

反資本主義の脳内妄想を断て

佐伯氏のように経済成長や資本主義を批判する主張を唱える論者は日本に多いが、これと真逆な考えを持っている日本の論客ももちろんいる。一例をあげると、2017年現在、日本銀行の審議委員を務める原田泰《ゆたか》氏である。同氏の『反資本主義の亡霊』（2015年、日経プレミアシリーズ）では、資本主義や経済成長によって人々が豊かになってきた歴史が論じられ、「反資本主義」の議論を徹底批判している。同書の最後の部分を引用させていただく。

「資本主義は、大恐慌に象徴されるような経済の不安定性をもたらす、環境を破壊する、女性の地位を低下させる、資本主義は成長できない――などの主張は誤りである。経済の不安定性は、中央銀行の誤った政策によってもたらされる。環境を破壊するのは、短期的な視野しか持てない独裁国家である。女性の地位は資本主義によって高まった。資本主義は成長できるし、成長しなければ、高齢化する日本は惨めな状況に陥る。資本主義と自由な市場によって、日本は成長を目指さなければならない」（P225）

現実世界から遊離した、反資本主義の「脳内妄想」を我々日本人は克服する必要がある。２０１７年以降も日本では妥当な経済政策が続き、脱デフレと経済正常化が今後続くことで、それは実現すると私は考えている。そうであれば、冒頭の近未来小説のように、多くの未来の若者が惨めになることはないだろう。

第八章　バブルから学ばないのは反省し過ぎる人たちだ

バブルの亡霊

第六章で説明したとおり、国債暴落は、金持ち国の日本においてほとんど起こらないであろう事象である。膨らんだ国債残高の安定化は、インフレと経済成長を高めて税収を持続的に増やすという妥当なステップを踏み、相当の時間をかけて対処すれば十分可能である。客観的にみれば明らかだと私は考えるが、国債バブルが崩壊するというリスクに対して多くの日本人がつい身構えてしまうのが現実かもしれない。

国債だけではなく株式などを含めて、日本で資産価格の上昇や下落が強く警戒されるのは、１９８０年代後半のバブルとその崩壊をいまだに引きずっている日本人が多いことが一因だと私は考えている。バブル崩壊から30年近くがすでに経過している現在でも、当時のバブルの当事者であった関係者の回顧録がベストセラーになるほど、バブルは多くの日本人にとって大きな出来事だった。バブルが訪れて世の中が荒《すさ》んだと言われ、その後のバブル崩壊で経済は停滞し、政治情勢も経済に振りまわされることになった。「二度とバブルはこりごりだ」と心底考えた人が多かったのだろう。

ただ、そうした方々はバブルを必要以上に反省して、恐れ過ぎていると私は考えている。まるでバブルの亡霊がいまだにさまよっているかのようだ。なお、私はすでに40歳代半ばの中年世代だが、バブル時は高校生でバブルを実際には経験していない。だから負の記憶にとらわれないとも言えるだろう。

日本人の多くがバブルは二度と起こしてはいけないと考えていても、資産市場におけるバブルを完全に防ぐのは、かなりの程度難しいのが実情であり、古今東西いずれの地域でもバブルは発生し、崩壊してきた。資本主義経済にとってバブルはつきものなのである。資本主義経済において市場を通じた競争が国民生活を豊かにするわけだが、その仕組みは完璧ではない。だから、人々の熱狂などで資産価格が行き過ぎて上昇することはあるが、一方で資産価格の変動そのものは経済活動のダイナミズムをもたらすメリットがある。バブルを何がなんでも防ぐような極端に保守的な経済政策運営は、共産主義が失敗したように経済全体を衰退させることになる。

もちろん、２００８年に発生したリーマンブラザーズ破綻など、大手金融機関の機能が麻痺して戦後最大の経済危機が起きた経緯を踏まえれば、「行き過ぎたバブル」を防止する制度設計、たとえば無謀な信用創造の土壌となった金融機関に対する規制強化などは必要になる。それでも、バブルを完全に防ぐことは資本主義経済では不可能だと考えたほうがよいだろう。

日本の対応は米国の反面教師

より重要なことは、一定程度のバブルは防ぐことができないとすれば、それが崩壊した時にそのショックを最低限に抑える政策運営を行うことである。戦前の世界大恐慌が、その後の悲劇的な戦争を引き起こした一因となった。その反省を踏まえ、経済の大収縮を防ぐために中央銀行の制度が整い、金融政策だけではなく銀行危機時の流動性供給、拡張的な財政政策の処方箋が必要との共通認識ができた。そして、バブル崩壊への対処を間違えないようにという経済学者の情熱が、経済学や経済政策論を発展させた。

戦後経済学の世界ではさまざまな論争があったが、バブル崩壊などの大きなショックや経済不況に対して必要な対応策については、ケインズ経済学が発展したことでその方策は整ってきたし、ケインズ経済学の理屈は少なくとも先進国では共有されていたように思われる。しかし、日本が１９９０年代に経験したバブル崩壊はそのインパクトがきわめて大きかったことに加えて、経済学に対する無理解もあり、対処策について判断ミスがあいついだ。当局者の無理解、不作為に加えて、政策決定のプロセスに政治事情が影響したなどの不幸も重なった。

いずれにしても、バブル発生は「軽微な人災」だが、崩壊後の対応のまずさは「より深刻な人災」を引き起こす。繰り返しになるが、バブルはどの国でも経験していることである。バブル崩壊後に長期デフレに陥った日本は、戦後のバブルへの対処に最も失敗した国であることを否定するのはかなり難しい。そして、デフレに陥った日本の対応のまずさが、２０００年代に入ってからの米国のバブル崩壊・経済不況対応に反面教師として生かされていることは、バーナンキ前ＦＲＢ議長などの発言（三木谷良一、アダム・Ｓ・ポーゼン編『日本の金融危機——米国の経験と日本への教訓』２００１年、東洋経済新報社の第６章で、バーナンキは「自ら機能麻痺に陥った日本の金融政策」と当時の日本銀行を批判している）・行動などを踏まえれば、我々投資家にとっては常識である。

実際に、２０００年代初頭、２００８年の米国での資産バブル崩壊（特に後者のバブル崩壊は１９９０年代の日本の経験と同様に戦後最大規模だった）後の米国の政策対応は成功したと位置づけられるだろう。２００８年のリーマンショックの震源地は米国であったが、経済正常化が最も早かったのも米国であった。ＦＲＢの政策対応が欧州、日本と比べて優れていたからというのが最も説得力がある説明だ。

以上のバブル崩壊への対処という各国の経緯を踏まえ、２０１０年代後半に、日本が過去20年続いたデフレから本当に脱却できるのか、失敗続きだった日本の過去の経済政策運営が本当に変わったのか。そうした視点で２０１３年からの日本経済は世界の投資家から注目されているのである。

バブル反省ブームは責任転嫁

なお、先に紹介したように、日本でこのところバブル時代を回顧する書籍が多く発行され、一部はベストセラーとなっている。バブルを振り返る本が増えているのは、当時現役だった方々が時間に余裕ができた、あるいは時間が経過し関係者が一線を退いたので書くことが可能になったなど、さまざまな事情があるだろう。

私は、こうした「バブル反省ブーム」にはもうひとつの側面があると考えている。２０１３年以降の金融緩和政策の転換によって、今度こそ日本はデフレから脱却する道筋が見えつつある。仮にこのままデフレから脱却して日本経済が正常化すると、２０１２年までの経済政策対応が過ちであったことが明らかになるが、それをかつての当局者やそれと一体となっていたメディアは恐れているのではないか。責任転嫁のひとつとして

「かつてのバブル発生がそもそも問題であった」という世論の雰囲気を広げたい意図がある、というのが私の仮説である。

やや話が横道にそれたが、要するに、バブル発生は資本主義で生きていくための必要悪であると私は考えている。バブル時代に登場する人物の行動をすべて賞賛できるとは、もちろん思えないが、彼らはルールに沿って経済成長を高める役割を果たしてきた。違法な行為や取引は論外だが、それ以外の日本のバブル時代にはエキサイティングな逸話が多い。また、それまで日本経済全体が順調だったから、日本の製造業は自動車以外も大きな存在感を保ってきた。少なくともバブル崩壊後にその負の遺産に苦しみ続け、多くの企業が苦境に陥った経緯と比較すれば、成功例や武勇伝の類いであってもよほどましである。

日本が過去20年のデフレと低成長によってこうむった損失はきわめて大きい。過去20年間職の機会を失った世代が遅れを取り戻すには、かなりの時間を要する。このため、私は将来の日本経済の先行きには楽観的になれない。ただ、デフレが終わり、普通の国に正常化することは十分期待できる。そして１９９０年代からの30年よりも日本企業の成功体験がより多く語られる時代が、２０２０年代以降訪れるだろうと予想している。

日本人は本当に貯蓄好き？

バブルに対して必要以上の反省・恐怖を多く日本人が抱いていることを説明した。こうした考えと親和性が持つのが、日本人には堅実な国民性があり、「貯蓄好き」であるという考え方だ。バブルをもたらす株式などへのリスクの高い（いわゆる博打のような）投資やお金の消費よりも、「堅実な貯蓄」に励むことが美徳であるという考えがかなり一般的である。

これは正しいのだろうか。まず、家計の貯蓄という行動は、稼いだ所得の一部を消費しない行動である。つまり稼いだ給料を、消費するか貯蓄するか、いずれかの選択を家計はまず行う。この観点から日本人が本当に貯蓄好きであれば、所得のうち貯蓄する割合である「貯蓄率」が高いことになる。

しかし、1990年代までは、たしかに米国などとくらべて日本の貯蓄率が高い状況にあったが、1990年代以降の貯蓄率は大きく低下している（図表9）。最近の家計貯蓄率はゼロ、つまり所得のすべてを消費にあてていることになる。日本の貯蓄率低下には高齢化が影響しているが、同時に現役世代の所得の目減りで貯蓄する余裕がなくなっ

[図表9] 家計貯蓄率　日本と米国

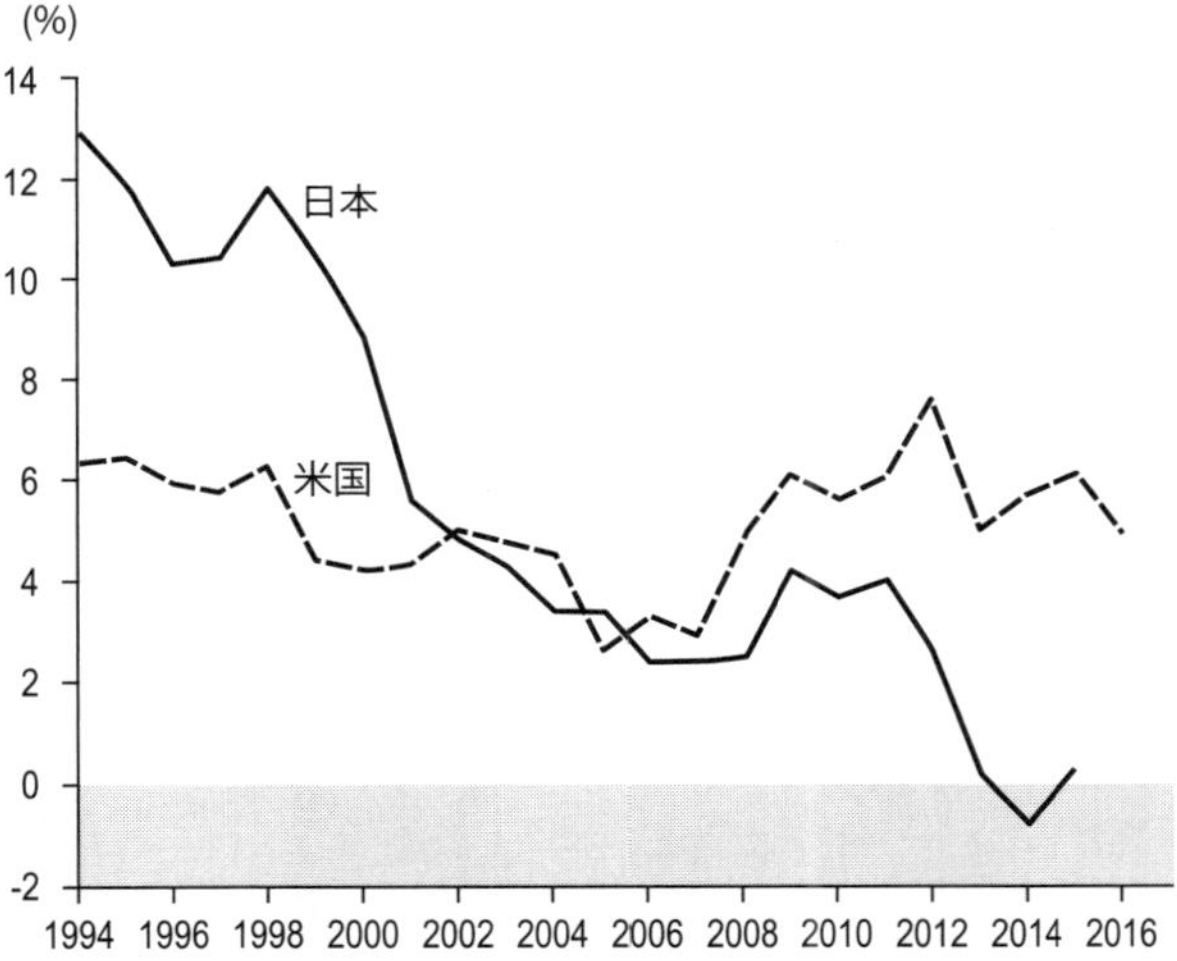

出所：米商務省、内閣府

ていることも貯蓄率低下をもたらしている。いずれにしても、日本人が貯蓄好きというのは、そもそも客観的なデータをみれば事実と異なるのは間違いない。もしアメリカ人を「後先考えずに消費する国民」とするならば、日本人もそう呼ばれなければならない。

貯蓄好きという言葉は、お金を預金などで着実に積み上げるという意味で使われることもあるだろう。これは、消費せずに貯蓄で増えた資産をどのように運用するのか、預金へ貯蓄するのか、株式などリスク資産に投資するのか、どのように行動するかということである。

よく言われているように、日本の家計の金融資産選択は「貯蓄好き」と言える。米欧など他の先進国と比較して、通常は元本が目減りしない預金が家計資産に占める割合がかなり高く、株式や投資信託などの値上がりが見込めるリスク性金融資産に占める割合は低い。ただ、この点は、日本では金融資産の代わりに住宅土地資産が占める割合が高いので、株式などリスク資産を保有する割合が相対的に低くなる側面があるなど、単純な比較は難しい。ただ、それでも元本が保証された銀行預金に対する選好が高いとは言えるだろう。この意味では、日本人はたしかに貯蓄好きであるようにみえる。

しかし、日本人がリスクをできるだけ回避して安全資産を特に好む特性を昔から持っているかと言われると、私は懐疑的である。というのも、これまで説明してきたとおり、過去20年のデフレという時代において、元本リスクがほぼ皆無の預貯金は確実にプラスリターンを得ることができる投資だからだ。デフレはモノや人の価値が低下し続けるのと反対にマネー（預金）の価値だけが高まる現象なのだから、当然である。過去20年、日本人が預貯金に金融資産をシフトしてきたのは、きわめて合理的な資産選択に過ぎないと私は考えている。貯蓄好きな特性というよりも、合理的な行動をとってきたことが、預貯金の割合が高い家計の金融資産構成をもたらしている。

こうした私の認識が正しければ、デフレの経済環境が変わり、預貯金が「儲かる投資先」でなくなれば、日本人の金融資産選択行動が大きく変わるだろう。元本リスクをある程度とってもリターンが得られる投資先をより積極的に探して、投資していくのだ。もちろん、個々の家計がどの程度リスクをとれるかは、給与水準、保有する金融資産・住宅資産、年齢、健康状態などさまざまな要因が影響するため、脱デフレによってすべての家計がリスクテイクを始めることはない。しかし、少なくともインフレになれば預貯金の価値が目減りするという普通の状況になるので、預金偏重という家計の資産選択行動が変わるだろう。

将来不安を煽る間違った言説

「日本人は堅実で貯蓄好き」と考えている人には理解できないかもしれないが、先ほど指摘した約30年前のバブルの負の記憶が大きいことは、逆に言えば当時のバブルは多くの日本人を巻き込んだ一大ブームだったことを示している。当時はＮＴＴ民営化にともなう同社の株式売り出しが株式ブームのきっかけのひとつになった。この時は、NTT株が値上がりしそうだからという噂だけで、多くの国民が株式市場に参入した。儲けにつながる情報に目敏《めざと》く日本人は反応する。

このことからも、日本人は貯蓄を美徳としているから貯蓄に励むというのは幻想であることがわかるのではないか。日本の家計の資産選択行動は、シンプルに儲けに敏感で合理的なのが実情である。そうした意味で他の先進国と変わらないし、多くの怪しい「日本人は○○である」という説のひとつなのだろう。

株式市場と言えば、お金儲けをしたい人だけが集まる特殊な場所に過ぎないと考えている人が多いかもしれないが、江戸時代の大阪において米の先物市場が世界に先駆けて誕生したのは、よく知られている。当時から米などの価格市場で大物相場師が誕生するなど、投機的な取引が活発であった。経済が発達する過程で金融取引市場が整うのは当然だが、価格が変動する取引市場が日本で早期に発達した。これは、リスクテイクすることにまったく躊躇しない日本人が、大昔から多く存在したことを示していると言える。

「日本人は堅実で貯蓄好き」が単なる思い込みであればよいのだが、それが一人歩きして、妥当ではない認識につながっていることが私は問題だと感じている。日本人は消費やリスク資産への投資よりも貯蓄を好むのがもし本当であれば、日本は消費せずに貯蓄を優先するから（貯蓄率のデータはそれを否定しているが）、「消費などの需要が伸びないので経済成長は期待できない」「低成長とデフレは仕方ない」という考えにつながるからである。

貯蓄好きの日本人という思い込みは、いざという時のためにお金を備えておかなければならないという「もっともらしい教え」にも通じる。経済メディアなどは、財政や年金問題、少子高齢化を深刻な問題と報じているが（先に述べたように、私は日本の財政赤字や政府債務の持続性はかなり冷静に受け止めている）、そうした刷り込みが、日本人の将来不安をいたずらに高めてしまい、倹約と貯蓄好き行動を強めている可能性がある。

さらに、日本人は貯蓄好きとの誤解は、日本経済の低成長とデフレが長期化したのはやむをえないとする、日本銀行などが過去20年に行ったデフレ放置という政策ミスの格好の言い訳になっていると私は考えている。そして、メディアも取材先の言い訳を許容してきたことが、偏った議論が日本の経済メディアで散見される一因である。

結び——「緊縮」という病

本書で述べたとおり、日本が1990年代半ばから苦しんでいるデフレや低成長は、経済失政の帰結であるという認識は、私が接している海外の投資家の世界ではほぼコンセンサスだ。私自身は標準的な経済学の知見を重視しているため、過去20年あまりそうした認識を抱いていた。特に2012年までの日本経済の停滞、政策当局者の判断や行動に対して、批判せざるを得ない場面は多かった。

しかし、2013年に日本銀行の執行部が「世界標準」に代わったことをきっかけに、日本はようやくデフレではない状況が定着しつつある。一方、経済学者のマーク・ブライスが論じる「緊縮病（財政健全化などを最重要課題に掲げる経済思想）」に罹患しているかのようなマーケット・経済当局・メディアそれぞれの関係者らは、なお日本では多数派である。安倍政権になってからの2014年の消費増税の失政により、脱デフレ完遂に時間がかかってしまった経緯などをみれば明らかだろう。経済政策についての日本における議論の「ガラパゴスぶり」に常々呆れていることが、本書を執筆するひとつのモチベーションになった。

本稿を執筆している2017年10月時点において、日本のデフレ脱却と経済正常化の道筋は見えているが、日本における緊縮病の根深さを踏まえると、今後の政治情勢次第で緊縮政策への転換は起こり得る。しかし2017年10月の総選挙において、安倍政権は5回目の国政選挙に勝利した。金融緩和政策の重要性を本当に理解している政権による経済政策運営が続くなら、緊縮政策は採用されないだろう。

今後は2019年の消費増税の是非が重要になるが、その判断までに1年間の時間がある中で、相当慎重に増税判断を行うと予想される。本書で述べたように、日本が「借金まみれ」というのは誤解で実際には世界一の資産保有国であり、日本の「有権者」が自ら選んだ政府に一時的に貸している資産（借金）が増えているだけである。そして、政府から有権者である国民への借金返済ペースは、国民経済を豊かにするために余裕をもって決めることができる。性急な増税が妥当な政策なのか、私たち国民は冷静に賢く判断すればよいのではないか。いずれにしても、正しい経済政策が長期化することで、近未来小説で描かれているとおりの悲惨な未来とならないことを、一人の日本人として私は願っている。

また、多くの海外投資家が私と同様の認識を持っているとすれば、日本において成長率を高める政策が続き、「完全雇用実現」「２％インフレ安定」「名目ＧＤＰ３％以上の成長」が実現した時、海外投資家の日本経済・金融市場への期待が一段と高まることは十分想定できる。

私が本書で読者の方々にお伝えしたかったことは、ほぼ本文の中で述べることができたと考えている。デフレと低成長は経済失政が引き起こす人災であり、これによって特に45歳以下の現役世代が苦境に直面し、日本型の所得格差拡大、一時のブラック企業の隆盛など多くの社会問題が引き起こされた。また、異常な経済停滞が許容された背景には、経済成長への諦めや清貧思想に起因する、マルクスの亡霊ともいえる思想信条、論者の「知的怠慢」があることを本書で議論した。この点は、本書執筆を通じて、私が新たに踏み込んだ領域である。

また、これまでの私が執筆してきた経済書・投資本になかった試みとして、冒頭に

「近未来小説」を紹介することで、経済問題を多くの方に身近な問題として考えていただくことにした。読者の方々に、筆者の考えがどの程度届いたかはわからないが、日本の経済問題について少しでも理解を深める一助となっていれば幸いである。

本書執筆のきっかけは、担当編集者である講談社の唐沢暁久氏から、お声がけいただいたことによる。同氏をはじめ複数の方に本書執筆にご協力いただいた。深く御礼を申し上げたい。

２０１７年10月

村上尚己

村上尚己

アライアンス・バーンスタイン株式会社マーケット・ストラテジスト。1971年生まれ。1994年東京大学経済学部を卒業後、第一生命保険に入社。その後、日本経済研究センターに出向し、エコノミストとしてのキャリアをスタートさせる。第一生命経済研究所、BNPパリバ証券、ゴールドマン・サックス証券、マネックス証券を経て2014年より現職。経済予測分析のプロとしての評価が高く、投資家目線で財政金融政策を分析する。著書に『日本人はなぜ貧乏になったか？』（KADOKAWA／中経出版）、『日本経済はなぜ最高の時代を迎えるのか？』（ダイヤモンド社）他がある。

講談社＋α新書《プラスアルファ》 775-1 C

日本《にほん》の正《ただ》しい未来《みらい》

世界一豊かになる条件

村上《むらかみ》尚己《なおき》

2017年11月20日第1刷発行

発行者―――― 鈴木 哲

発行所―――― 株式会社 講談社

東京都文京区音羽2-12-21 〒112-8001

電話 編集(03)5395-3522

販売(03)5395-4415

業務(03)5395-3615

デザイン―――― 鈴木成一デザイン室

カバー印刷―――― 共同印刷株式会社

印刷―――― 慶昌堂印刷株式会社

製本―――― 牧製本印刷株式会社

本文データ制作―― 講談社デジタル製作

本文図版―――― ワークスプレス株式会社

Printed in Japan

ISBN978-4-06-272999-4

講談社+α新書

知っているようで知らない夏目漱石　出口汪
きっかけがなければ、なかなか手に取らない、生誕150年に贈る文豪入門の決定版！
900円 778-1 C

働く人の養生訓　あなたの体と心を軽やかにする習慣　若林理砂
現代人の悩みをスッキリ解決する健康バイブル　だるい、疲れがとれない、うつっぽい。そんな
840円 779-1 B

認知症　専門医が教える最新事情　伊東大介
賞の臨床医が真の予防と治療法をアドバイス　正しい選択のために、日本認知症学会学会賞受
840円 780-1 B

工作員・西郷隆盛　謀略の幕末維新史　倉山満
明治維新150年に明かされる新たな西郷像！「大河ドラマ」では決して描かれない陰の貌。
840円 781-1 C

表示価格はすべて本体価格（税別）です。本体価格は変更することがあります